JN027266

建築構造の力学Ⅰ

―― 第2版 ――

| 静定力学編 |

寺本隆幸・長江拓也［共著］

森北出版株式会社

●本書のサポート情報を当社Webサイトに掲載する場合があります．下記のURLにアクセスし，サポートの案内をご覧ください．

https://www.morikita.co.jp/support/

●本書の内容に関するご質問は，森北出版 出版部「(書名を明記)」係宛に書面にて，もしくは下記のe-mailアドレスまでお願いします．なお，電話でのご質問には応じかねますので，あらかじめご了承ください．

editor@morikita.co.jp

●本書により得られた情報の使用から生じるいかなる損害についても，当社および本書の著者は責任を負わないものとします．

■本書に記載している製品名，商標および登録商標は，各権利者に帰属します．

■本書を無断で複写複製（電子化を含む）することは，著作権法上での例外を除き，禁じられています．複写される場合は，そのつど事前に（一社）出版者著作権管理機構（電話03-5244-5088，FAX03-5244-5089，e-mail：info@jcopy.or.jp）の許諾を得てください．また本書を代行業者等の第三者に依頼してスキャンやデジタル化することは，たとえ個人や家庭内での利用であっても一切認められておりません．

まえがき

　建築学科において「構造力学」を教える立場になり，初歩的な力学を教えることの難しさを痛感した．筆者は，当時東京工業大学教授であった二見秀雄先生に「構造力学」を習い，先生の名講義に感激したものであった．ただし，よくわかったのは授業時間中のみで，改めて考えるとわからなくなるということの繰り返しであったと記憶している．本書を記述するに際しては，この『構造力学』を下敷きとして，いま風の考え方や構造物例・材料を取り上げることとした．

　本書の意図は下記のような事項である．

- 建築物を対象とした力学の位置づけを明快にしておく．
- 構造力学を身近なものとするような表現を心がける．
- 実務的にはコンピュータを用いて構造計算が行われているので，計算そのものより考え方や力の流れを理解することを主眼とする．
- 構造計算結果を視覚的に理解できるように，応力図などを多く紹介する．そのためにも，紙数を多くの例題にあて，応力図になじんでもらうようにする．
- やや難解と思われる基本的事項も可能な範囲で記述するが，参考資料や付録にその詳細を記述し，必ずしもその部分の理解がなくとも，流れに乗っていけるようにする．

　本書の構成は，第1章を「概論」，第2章〜第7章を「静定構造物の力学」とし，静定構造物を対象として建築構造力学の入門編とし，力の釣り合いからやや複雑な静定構造物の応力解析までを対象としている．第8章〜第10章は「応力度・ひずみ度と構造物の変形」とし，構造部材各部に生じる応力度・ひずみ度を求めて，構造物の断面設計につながる応力度のイメージを与えるようにし，最後に第11章〜第12章において構造物に荷重が作用することにより生じる変形を説明している．

　筆者が，構造関係の仕事に就くようになったきっかけは二見先生の授業で60点を取ったことである．これに腹を立てて，春休みに構造力学の教科書を読んでみたら，なかなか面白いものだと実感したわけである．そして，構造関係の卒業論文・修士論文を選択し，設計事務所で構造設計関係の仕事を行い，大学で「構造力学」を教える現在の立場に至っている．

構造力学はこのように，自分で理解したいと思えばそれほど難しいものではない．あくまでも，知識を得たいと思う意欲の問題である．本書がそのような意欲のある人に役立つことを願うものである．

　なお，計算例の作成と校正にあたっては大宮幸助手と大学院生の諸氏にお世話になった．ここに記して感謝の意を表する次第である．

2005 年 10 月

筆　者

第 2 版改訂にあたって

　初版を出版してから 15 年が過ぎた．構造力学自体は古典的なものであり，この時間経過により記述すべき内容がなんら変わるものではないが，若い読者に合わせてスタイルを変更することとした．また，共著者として長江拓也氏の協力を得て，内容の充実に努めた．主な改訂内容はつぎのようなものである．

- 常用単位の cm を mm に変更した．構造設計実務において使用されてきた cm は使いやすい単位であるが，JIS や基準類では mm が使用されている．この状況に対応しての変更である．
- 初版の発行から 15 年が経過していることをふまえて，文章表現を現代風に改めた．
- 内容の理解度を深めるために 2 色刷として，強調したい点を明らかにした．

　構造力学が建築構造物の安全性を確保するうえで非常に重要な要素であることは，変わりがない．本書が，建築を学ぶうえでの基礎的知識として役立つことを期待している．

2020 年 12 月

筆　者

目　　次

第 1 章 ｜ 建築構造と力学

　建築物の設計には，建築物全体をどのように計画するかに加え，意匠・構造・設備の3分野の設計行為がある．意匠は建築仕上げを担当し，構造はいわゆる構造躯体（柱，梁，壁など）を受け持ち，設備は空調・衛生・電気・情報通信といった環境系を担当する．

　建築構造物に必要な要素は，「強・用・美」であるといわれることがある．「強」は建築物の安全性を確保するにあたり，建築構造には最も重要な部分である．建築物は，人が住まい，人が休息し，人が安全を求めて避難する場所である．そのため，天災や人工的な災害に対して安全でなければならない．つぎの「用」にあたるのが機能性である．建築物には，必要な機能を与えるような構造計画が望まれる．最後の「美」は，空間性に対応するものといえる．つくり出される建築空間は，美しいものであることが望ましく，人が住まううえでの心地よさを与える空間でありたい．このためには，空間をどのようにつくるかという命題が建築構造物に求められる．

　このような，建築構造物を設計したり，理解したりするうえで，一番基本となるものは，力学的知識である．本書では，建築構造物を対象として構造力学を学ぶ．

東京・新宿〈新宿 NS ビル〉
ガラス屋根の吹き抜け空間のある超高層ビル

1.1　構造設計

　構造設計では，建築構造物の具体的な骨組みの材料と形式を定め，実際に用いる構造部材断面を具体的に設計する．設計に際しては，つぎの事項などが検討される．

- ①　使用材料の選択（鋼材，コンクリートなどの材種）
- ②　設計荷重の採択（固定荷重，積載荷重，雪荷重，風荷重，地震荷重など）
- ③　構造物に生じる部材応力の算定（軸方向力，曲げモーメント，せん断力）
- ④　構造物の変形量の算定（鉛直変形，水平変形）
- ⑤　使用性の検討（常時の建物機能の確保）
- ⑥　安全性の検討（常時・非常時の安全性の確保）

　これらのうち，③部材応力の算定と④変形量の算定には，構造力学が不可欠である．実際の構造設計はあくまでも設計行為であり，構造力学の知識はそれに必要な一部分ではあるが，最も基本的なものである．

1.2　構造部材の設計と構造力学

　建築構造物の性能確認や構造設計の手法として，構造力学がどのような位置を占めているかを図 1.1 に示す．図から，構造力学として学んでいることが，実際の建築構造物とどう関わっているかがわかる．なお，構造物の設計条件となる要因を □□□□，本書において扱う事項は □□□□，続巻の「建築構造の力学 II（不静定構造物・振動応答解析編）」で扱う事項は □□□□ で表示している．この流れを理解して，構造力学を身近なものと感じてほしい．

1.3　力学の体系

1.3.1　力学の用途

　構造物が地球上に存在し，重力加速度をはじめとする諸々の自然条件の作用を受けると，構造物には部材応力が生じ，それに耐えられない場合には構造物が破壊される．建築物は，人を収容するシェルターとしての機能があり，収容している人の命を安全に守る使命がある．さらに，当然のこととして通常の使用中に，障害となるような変形や振動を生じないようにし，快適性と機能性を保持しなければならない．

　これらに対して，古くから建築物をつくり上げてきた技術者たちは，経験に基づき崩壊しないような構造物をつくってきた．一方で，部材の特性に関しての研究が行われてきた．安全性や機能性といった建築機能を確保するためには，建築構造物の力学

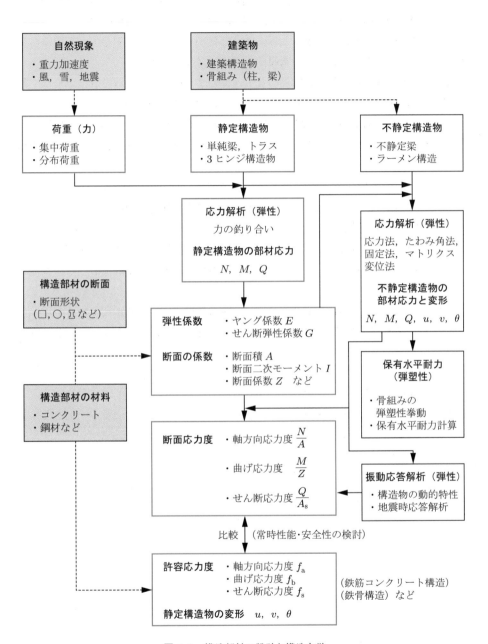

図 1.1　構造部材の設計と構造力学

的な性能を確認する必要がある．「構造力学」は，このために用いられる手段であり，英文では "Structural Analysis" と書かれるように，解析的な手法を基礎としている．また，建築に携わるものの常識として，構造部材がどのような性質をもっているかを知っておくうえでも，構造力学の基礎的な知識は必要である．

　構造力学は，解析対象物の状態に応じて，静力学と動力学に区分され，さらに，弾性状態にあるか塑性状態にあるかにより，弾性力学と塑性力学の区分がある．

① 　静力学（statics）　　静止した状態の構造物を扱うもので，自重，積載，雪，風，地震などによる荷重を対象として，静的と見なせる荷重による応力や変形を解析する．

② 　動力学（dynamics）　　運動している状態の構造物を扱うもので，建築分野では，地震，風，交通振動などの振動外乱による構造物の振動状態を対象とする振動応答解析がある．

③ 　弾性力学（elastic mechanics）　　構造部材の応力 – 変形関係が線形（弾性）と見なせるものを対象とする．弾性解析の解は，簡便な手段で計算できることにより，広く用いられている．

④ 　塑性力学（plastic mechanics）　　構造部材の応力 – 変形関係が非線形になり，構造部材が塑性化することを考えて解析しなければならないものを対象とする．

▌1.3.2　建築構造の力学

　建築構造の力学は，建築分野では「構造力学」とよばれることが多く，土木構造物を対象とするものと区分して，「建築構造力学」とよぶこともある．

　本書で取り扱う「建築構造力学」では，線材骨組みと見なせる梁やフレームの静定構造物を対象としている．建築構造物としては，板やシェルなどの連続体もあるが，ここでは対象外とする．主たる特徴は，つぎの 3 項目である．

① 　線材骨組みを対象とする静力学である．

② 　線形弾性力学による．

③ 　部材応力としては，軸方向力 N，曲げモーメント M，せん断力 Q を考慮する．

▌1.3.3　身近な力学的問題

　力学問題を難しい数学的問題としてとらえるのではなく，実感できる現象として理解することが大切である．力を身近に感じられる場合として，つぎのようなものがある．

① 満員電車での押し合い（作用力と反力）　電車の中で人から押されれば，そこには力が作用している．図 1.2 のように，押された力に抵抗しなければ，動かざるを得ない．抵抗すれば，押す力（作用力）と反発する力（反力）が釣り合って，動かないでいられる．

② 手すりの力　ベランダなどの手すりに，人がもたれたり押したりすれば，手すりを曲げようとする力が作用する（図 1.3）．この力としては，1 m あたり 500 N（50 kg 重）程度の力が想定されている（500 N/m の水平力）．

図 1.2　作用力と反力　　　　　図 1.3　手すりの力

③ ラーメン構造　柱と梁で構成されたラーメン構造（柱と梁から構成された骨組み）には，鉛直方向には自重や人・家具などの重量が，水平方向には地震力などの力が，荷重として作用する（図 1.4）．

④ 橋梁　橋梁は身近に見ることのできる典型的な力学モデルである．鉄道橋，道路橋，横断歩道橋などをよく見てみると，構造力学で取り扱っているモデルを実際に見ることができる．図 1.5 は，単純梁（第 5 章参照）とトラス梁（第 7 章参照）の例である．

（a）単純梁　　　　　（b）トラス梁

図 1.4　ラーメンの荷重　　　　図 1.5　単純梁とトラス梁

▋1.3.4　用語，単位，計算精度

（1）力学の用語

力学では，記号が多く用いられており，変数はイタリック体にして表示するとともに，英文字以外に α や β といったギリシア文字を用いることがある．理学ではギリシア文字も用いる習慣があり，これには歴史的な背景がある．たとえば水はギリシア語で "hydro"，ラテン語は "aqua" であり，工学に関係した水圧は "hydrostatic pressure” などと使われ，水族館の “aquarium” などにはラテン語が使われている．慣れない人にとっては，ギリシア文字は負担になると思われるが，参考に，巻末の付録 5 に，ギリシア文字の表示と読み方を示しておいたので，適宜参照して，使いこなしてほしい．

(2) 使用単位

　工学一般において当たり前のことではあるが，単位は非常に重要な意味をもっている．単位の理解なしで計算を行うことは，無意味であるといってもよい．式などにおいても，単位を考えながら理解に努めることが必要である．

　構造力学で用いられる単位の例を表 1.1 に示す．本書では数字が扱いやすいように，適宜単位系を選択している．

表 1.1　構造力学の使用単位

使用対象	通常使用される単位	本書で主として使用する単位
部材寸法（図示）	mm, cm, m	mm（建築図面で常用）
部材寸法，距離	mm, cm, m	mm, m
断面積	$\mathrm{mm^2}$, $\mathrm{cm^2}$, $\mathrm{m^2}$	$\mathrm{mm^2}$, $\mathrm{m^2}$
力	N, kN	kN
モーメント	kN·cm, kN·m	kN·m
応力度	$\mathrm{N/mm^2}$, $\mathrm{kN/cm^2}$	$\mathrm{N/mm^2}$
仕事，エネルギー	kN·cm, kN·m	kN·m（N·mm）

　また，式の誘導や計算結果が正しいかどうかを調べるには，単位をチェックすることが有効な手段である．たとえば，第 11 章で算定している変形

$$\delta = \frac{PL^3}{48EI}$$

の単位は，

$$\frac{\mathrm{kN} \times \mathrm{mm^3}}{\mathrm{kN/mm^2} \times \mathrm{mm^4}} = \mathrm{mm}$$

となり，δ は長さの単位 mm であることを確認できる．分子にある長さ L のべき乗は，集中荷重 P の場合は L^4 でなく L^3 であることがわかる．逆にいえば，L のべき乗と記憶しておいて，単位から 3 乗と決めることもできる．

　また，例題などで図示した寸法は建築の慣例に従って mm とし，単位の記載は省略している．実際の数値計算では m を使用することもあるので注意する．

(3) 計算精度

　現在は，構造力学の計算がコンピュータや電卓で行われるので，計算結果の有効桁

を考えないで結果を表示することがよく行われている．しかし，工学の計算では，自分はいま「何桁の精度を求めて」計算を行っているかを認識することが大切である．

建築の構造計算では，通常は，2桁ないし3桁の有効精度があれば十分である．いたずらに桁数の多い数値を扱うことは，無意味であり計算間違いのもとである．当然，最後の桁の数値は四捨五入により定める．

本書では，積極的に計算精度を荒くして，2桁程度の精度で計算例などを表示している．たとえば，$10/3.0 = 3.3$，$5.0/4.0 = 1.3$ 程度の計算精度でよい．もちろん，高精度が必要な場合には，多くの有効桁を使用するが，本書で扱っている計算では，2桁程度で十分であり，数字を多く書き写すことによる間違いも防げる．大きな数値の場合には，3.2×10^4 のように有効桁を保持して表現するとよい．

工学で対象とする数字には，必ず有効桁がある．工学においては，$4/3 = 1.3$ は正しい表現であると認識して，堂々と記述すべきであり，$4/3 = 1.3333$ などとだらしなく表記すべきではない．

(4) 数値と数量

本書で扱う工学的な数値は，それぞれが実際の工学的意味合いをもっている数量である．10 m スパンの梁が変形する場合の中央たわみ δ は，2 m も鉛直に変形することは考えにくく，せいぜい 20 mm 程度であり，スパンの 500 分の 1 程度（20 mm/10000 mm = 1/500）の変形と考えられる（図 1.6）．このように，変形量などを単なる数値としてではなく，大きさをもった実感できる数量として認識してほしい．

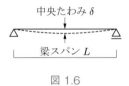

図 1.6

スーパーで買い物をするとき，バナナの値段が 2000 円と表示されていたら，「おかしい」と感じるはずである．このバナナは 200 円程度のはずであるという数値に対する感覚的認識（手触り感覚）を，構造力学の計算結果に対してももちたいものである．

演習問題

1.1 建築構造物に作用する代表的な自然現象について述べよ．

1.2 ラーメン構造について説明せよ．

1.3 長さ L [m] の単純梁の中央に集中荷重 P [kN] が作用しているとき，中央の曲げモーメント M [kN·m] は $M = PL/4$ で与えられる．このとき，式の左と右の単位が同じであることを示せ．

第2章 | 力の釣り合い

　本章では，力の釣り合いの基本を学ぶ．力を力学的に「質量に加速度を掛けたもの」と定義しても，なかなか実感が湧かないものである．むしろ，重い物をもったときに自分に作用する力を考えたり，満員電車で押されたときの力を想像したほうが，感覚的に理解できるだろう．各個人が自分なりの感覚で，力の作用を実感してほしい．

　まず，一点に作用する力の釣り合いを学び，つぎに，多くの力が多数の点に作用する場合を考える．多くの力が作用すると，作用位置が異なることにより「モーメント（力のモーメント）」が生じるので，X，Y 方向の力の釣り合いに加えて，モーメントの釣り合いを考える必要がある．

　モーメントは，ある距離をおいて力が作用したときに，その点を中心に回転させようとする回転力である．モーメントの概念は，力が作用する距離が関係するためわかりにくい点もあるが，シーソーの原理などを想像して理解に努めてほしい．

東京・隅田川〈勝どき橋〉
鉄骨造の可動橋（跳開橋）（1940 年完成）

2.1　力の定義と作用

2.1.1　力の作用と単位

　力（force）がどのように作用し，力が釣り合うための条件は何かを考える．

　力は，ニュートンの第 2 法則により定義されている．すなわち，物体に作用する力 F は，加速度 α および質量 m の積になる．国際単位系（International System of Units：SI）では，つぎのように表される．

$$力 F = 質量 m \times 加速度 \alpha \quad （単位：N\ (= kg\cdot m/s^2)） \tag{2.1}$$

一方，重力単位系では，つぎのように表される．

$$力 F = 質量 m \times 加速度 \alpha = \left(\frac{重量 W}{重力加速度 g} \right) \times 加速度 \alpha$$

$$= 重量 W \times \frac{\alpha}{g} \tag{2.2}$$

　力の単位としては，SI の N（ニュートン）を用いる．昔の重力単位系では，力を重さとして認識して kgf（kg 重：1 kg の重さに相当する力）や tonf を用いており，建築分野では，慣用的に f を省略して kg や ton と記述していたが，1999 年から SI を使用するようになった．

　また，加速度の向きと力の向きは同じ方向となる．ここでいう加速度とは，文字どおり「単位時間あたりの速度 [m/s] の変化率」であり，[m/s^2] の単位をもつ．重量に相当する力は，重力の加速度 9.8 m/s^2 を質量に掛けて用いる．すなわち，1 kgf $=$ 1 kg $\times$ 9.8 m/s^2 $=$9.8 N となるが，大略 1 kgf $=$ 10 N と考えておけばよい．ニュートンの第 2 法則により，力は質量と加速度の積で与えられ，次式となる（図 2.1）．

$$F = m \times \alpha \tag{2.3}$$

$$ここに，\quad F：力 [N\ (= kg\cdot m/s^2)]$$

$$m：質量 [kg]$$

$$\alpha：加速度 [m/s^2]$$

図 2.1　力

2.1.2 力の三要素

力はベクトル（vector）量であるので，力を表すには，その「大きさ」，「向き（方向）」，「作用点」が必要である．これを力の三要素 という．

（力の三要素）

①　大きさ　　②　向き（方向）　　③　作用点

力を図示するためには，図 2.2 に示すように作用点 A からの矢印（AB）で表現する．AB 間の長さが大きさを，矢印の向きが方向を，矢印の始点 A が作用点を表している．

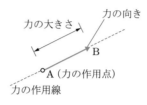

図 2.2　力の三要素

力をベクトルとして表現するには，物理学で用いられているように，$\overrightarrow{AB}$ やベクトル $\boldsymbol{F}$ として表示すべきであるが，構造力学では習慣的に，その大きさを表すスカラー量 F として表現する．しかし，これは便宜的な方法であるから，力の向きと作用点のことをつねに頭において考える必要がある．

参考　ニュートンの運動の法則

①　運動の第 1 法則（first law of motion：慣性の法則）

　物体は力が加わらなければ，いつまでのその速度（velocity）を変えない．すなわち，静止した物体はいつまでも速度 0 のままであり，運動している物体は一定の速度で運動を続ける．

②　運動の第 2 法則（second law of motion）

　物体に力が作用すると加速度（acceleration）を生じ，加速度 α の値は力 F に比例し質量 m に反比例する．すなわち，

$$\alpha \propto \frac{F}{m} \quad F \propto m \cdot \alpha \tag{2.4}$$

となる．地球上の物体には重力の加速度（$g = 9.8\,\mathrm{m/s^2}$）が作用しており，落下する物体は空気抵抗を無視すると，毎秒速度値が $9.8\,\mathrm{m/s}$ 大きくなる．

③　運動の第 3 法則（third law of motion）

　力がある物体からほかの物体に作用しているとき，必ず作用している力と同じ大きさの反対向きの力が作用している．この法則は，作用反作用の法則（law of action and reaction）ともいう．

> **ミニ知識 ニュートン**（Isaac Newton；英 1642〜1727 年）
>
> イギリスの数学者・物理学者で，光のスペクトル分解，万有引力および微積分法の三大発見により，近代科学の祖とよばれている．力学では，その三法則（慣性の法則，運動方程式，作用反作用の法則）に基づいて力学体系をつくり上げた．ニュートンの代表作「自然哲学の数学的原理」（プリンキピア（Principia）と略称される）は 1687 年にラテン語で出版され，運動の法則を公表した．この理論に従って惑星の運動が検討され，予測と外れた天王星の運動が海王星の発見により説明され，力学の有効性を証明した．われわれが学ぶ力学は，ほとんどこの理論の延長にある．

2.2 力の合成と分解

2.2.1 力の合成

物体の一点に加わる多くの力は，一つの力に合成できる．このことを力の合成（composition）といい，合成された力を合力（resultant）という．力をベクトルとして考えると，この合成を行う方法は，図を用いる方法（図式解法）と，計算による方法（数式解法）とがある．

2.2.2 一点に加わる力の図式合成

力はベクトルであるから，力の合成はベクトルの合成と同じ考え方による．図 2.3 のように，一点 A に力 F_1 と力 F_2 の二つの力が作用するときには，二つの力を二辺とする平行四辺形を作成し，その対角線 R が合力となる．このように，力の平行四辺形を描き，合力を求める方法を図式解法 という．

図 2.4 のように，力 F_1 と平行移動した力 F_2 により三角形を作ってもよい．そのときには，力を組み合わせる順序を変えても，ベクトルの性質により合成結果は同じであり（図 2.5），つぎのようになる．

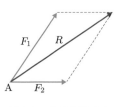
図 2.3 力の合成（1）

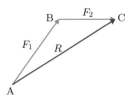
図 2.4 力の合成（2）

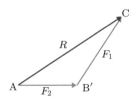
図 2.5 力の合成（3）

$$F_1 + F_2 = F_2 + F_1 = R$$

　このとき，点 A，点 B，点 C または点 A，点 B′，点 C を連ねる多角形は，一点に加わる全部の力を表したものであり，これを<u>示力図</u>（force polygon）という．二つ以上の力が作用するときは，二つごとに上記の合成を行えばよい．たとえば，図 2.6 のように四つの力が作用した場合の手順は，図 2.7 に示すように，

　　① $F_1 + F_2 = F_{12}$　　② $F_{12} + F_3 = F_{123}$　　③ $F_{123} + F_4 = R$

として算定する．または，

　　① $F_1 + F_2 = F_{12}$　　② $F_3 + F_4 = F_{34}$　　③ $F_{12} + F_{34} = R$

となり，四つの力を合成するためには，合成手順によらず 3 ステップの操作が必要となる．

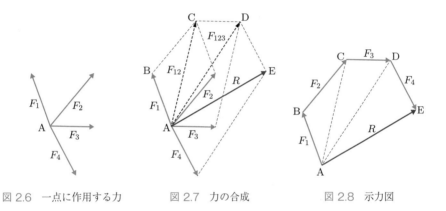

図 2.6　一点に作用する力　　　図 2.7　力の合成　　　図 2.8　示力図

　別の解法としては，順次各力を平行移動して作用させていってもよい．順次力の三角形を作っていき，合力 R を求める方法である（図 2.8）．このとき，多角形 ABCDE を示力図という．

2.2.3　一点に加わる力の数式合成

　ある点に複数の力が作用している場合，それらの力の合力はつぎの手順の数式解法で求められる．二つの力が作用する場合は，次式により合力 F の大きさと方向 θ が求められる．

　● 直交する場合（図 2.9 (a)）

$$F = \sqrt{F_X{}^2 + F_Y{}^2} \tag{2.5}$$

$$\theta = \tan^{-1}\left(\frac{F_Y}{F_X}\right), \qquad \tan\theta = \frac{F_Y}{F_X} \tag{2.6}$$

• 斜交する場合（図 2.9 (b)）

$$F = \sqrt{(F_1 + F_2 \cos \alpha)^2 + F_2{}^2 \sin^2 \alpha}$$
$$= \sqrt{F_1{}^2 + F_2{}^2 + 2F_1 F_2 \cos \alpha} \tag{2.7}$$

$$\theta = \tan^{-1}\left(\frac{F_2 \sin \alpha}{F_1 + F_2 \cos \alpha}\right), \qquad \tan \theta = \frac{F_2 \sin \alpha}{F_1 + F_2 \cos \alpha} \tag{2.8}$$

　多くの力が一点に作用するときには，直交軸 (X, Y) を考えて，各力 F_i の X 軸，Y 軸方向成分を用いて以下のように算定できる（n：作用力の数）（図 2.10）．なお，平行力の合成は 2.4.3 項に示す．

$$F_X = \sum_{i=1}^{n} F_i \cos \alpha_i, \qquad F_Y = \sum_{i=1}^{n} F_i \sin \alpha_i \tag{2.9}$$

$$F = \sqrt{F_X{}^2 + F_Y{}^2}, \qquad \tan \theta = \frac{F_Y}{F_X} \tag{2.10}$$

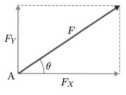
（a）直交する場合

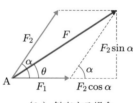
（b）斜交する場合

図 2.9　力の数式合成

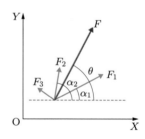

図 2.10　多くの力の合成

例題 2.1　力の合成

　図(a)，(b)，(c)に示す力の合力を数式解法により求めよ．

$F_1 = 2.0\,\text{kN}$　$F_2 = 4.0\,\text{kN}$

（a）

$F_4 = 4.0\,\text{kN}$
30°
$F_3 = 2.0\,\text{kN}$

（b）

$F_4 = 4.0\,\text{kN}$
30°
$F_1 = 2.0\,\text{kN}$　$F_2 = 4.0\,\text{kN}$

（c）

解答

（1）　図(d)：次式のように，水平右向きに 2.0 kN の合力となる．

$F_1 = 2.0\,\text{kN}$　$F_2 = 4.0\,\text{kN}$
$R = 2.0\,\text{kN}$
（d）

$$R = F_2 - F_1 = 4.0 - 2.0 = 2.0\,\text{kN}$$

(2)　図(e)：式(2.7)，(2.8)よりつぎのように求められる.

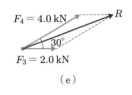

（e）

$$R = \sqrt{(F_3 + F_4 \cos 30°)^2 + (F_4 \sin 30°)^2}$$
$$= \sqrt{5.5^2 + 2.0^2} = 5.8\,\text{kN}$$

$$\tan\theta = \frac{2.0}{5.5} = 0.36 \rightarrow \theta = 20°$$

(3)　図(f)：F_1 と F_2 の合力は図(b)の F_3 となる. よって, 求める合力は F_3 と F_4 の合力となるので, (2)と同じ $R = 5.8\,\text{kN}$, $\theta = 20°$ となる.

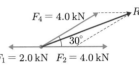

（f）

例題 2.2　力の合成

　図(a)の力の合力を図式解法, および数式解法により求めよ. ただし, $F_1 = 2.0\,\text{kN}$, $F_2 = 3.0\,\text{kN}$, $F_3 = 4.0\,\text{kN}$ である.

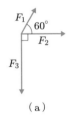

（a）

解答

　図式解法により, 図(b)のように合力 R が得られ, $R = 4.6\,\text{kN}$ となる.
　数式解法によれば, つぎのように求められる.

$$R = \sqrt{(F_1 \cos 60° + F_2)^2 + (F_1 \sin 60° - F_3)^2}$$
$$= \sqrt{(2.0 \times 0.5 + 3.0)^2 + (2.0 \times 0.87 - 4.0)^2}$$
$$= \sqrt{(4.0)^2 + (-2.26)^2}$$
$$= 4.6\,\text{kN}$$

$$\tan\theta = \frac{F_Y}{F_X} = -\frac{2.26}{4.0} = -0.57 \rightarrow \theta = -29.5°$$

（b）

2.2.4　力の分解

　二つの力を合成すると一つの力になったのとは逆に, 力を二つ以上の力に分けることを分解 (decomposition) という. この分けられた力を分力 (component of force) という. ある点に斜め方向に力が作用しているときには, 力を平面内で座標軸方向に分解して考える.

　任意方向に力を分解するためには, m 軸と n 軸に平行な平行四辺形を作成すればよ

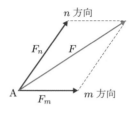

図 2.11　力の分解

い（図 2.11）．力の平行四辺形は，力の合成と同じ考え方である．平行四辺形の 2 辺の長さ F_m および F_n が，斜め方向力 F の m および n 方向成分である．この場合，m 軸と n 軸は必ずしも直交している必要はない．

　数式により分力を計算する方法は，以下による（図 2.12）．

- 直交座標軸の場合

$$F_X = F \cos\theta \tag{2.11}$$

$$F_Y = F \sin\theta \tag{2.12}$$

$$\theta = \tan^{-1}\left(\frac{F_Y}{F_X}\right), \qquad \tan\theta = \left(\frac{F_Y}{F_X}\right) \tag{2.13}$$

- 斜交座標軸の場合

$$\begin{aligned}
F_m &= F\cos\theta_m - \frac{F\sin\theta_m}{\tan(\theta_m + \theta_n)} \\
&= F\cos\theta_m - F\sin\theta_m \cot(\theta_m + \theta_n)
\end{aligned} \tag{2.14}$$

$$F_n = \frac{F\sin\theta_m}{\sin(\theta_m + \theta_n)} = F\sin\theta_m \operatorname{cosec}(\theta_m + \theta_n) \tag{2.15}$$

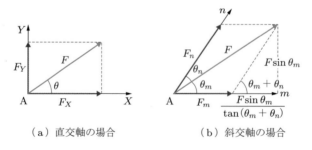

（a）直交軸の場合　　　（b）斜交軸の場合

図 2.12　力の数式分解

　式(2.9)，(2.10)による力の合成は，まず X，Y 方向の分力を求めてから，それらを合成する方法と考えることができる．

例題 2.3　力の分解

図(a), (b)に示す力 F_1 の u, v 方向の分力 F_u, F_v を求めよ.

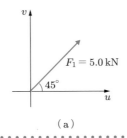

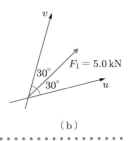

（a）　　　　　　　　　　　　（b）

解答

(1)　図(c)：つぎのように, F_u, F_v ともに 3.6 kN となる.

$$F_u = F_1 \cos 45° = 5.0 \times 0.71 = 3.6 \,\text{kN}$$

$$F_v = F_1 \sin 45° = 5.0 \times 0.71 = 3.6 \,\text{kN}$$

(2)　図(d)：式(2.14), (2.15)を適用すれば, つぎのようになる.

$$F_u = F_1 \cos 30° - F_1 \sin 30° \cot 60°$$

$$= 5.0(0.87 - 0.5 \times 0.58) = 2.9 \,\text{kN}$$

$$F_v = F_1 \sin 30° \operatorname{cosec} 60°$$

$$= 5.0 \times 0.5 \times 1.15 = 2.9 \,\text{kN}$$

図(c)と比較して, 角度が変われば分力も変化することに注意する.

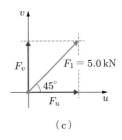

（c）

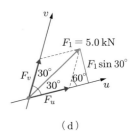

（d）

2.3　偶力とモーメント

2.3.1　偶　力

一組（一対）の大きさが等しく方向が逆の力が, 物体に作用する場合を考える. 力の作用線が同一であれば力は釣り合っており, 合力は 0 となる. 力の作用線が異なる場合に, この一対の力を偶力（couple）という（図 2.13, 2.14）.

偶力は, ある方向に押す力（合力）は 0 であるが, 回転させようとする力（モーメント）が存在する. 偶力のモーメントの値は,「力と距離の積」として与えられ,

偶力のモーメント ＝ 力 F × 距離 L　（単位：kN·m）

により計算される.

図 2.13 釣り合っている力　　　図 2.14 偶力

図 2.14 の任意点（A 点）に対する偶力のモーメント値 $M_{A 点}$ は,

$$M_{A 点} = F \times (L + x) - F \times x = F \times L \tag{2.16}$$

となり，x の値にかかわらず一定となることがわかる.

すなわち，偶力は，「任意に選んだ点に対して，つねに同じモーメント値を与える」という性質がある.

■2.3.2　モーメント

モーメント（moment：力のモーメント）は，力がある距離をもって作用し，物体を回転させようとする力の一種である．必ず距離が関係するので，モーメント M は「力と長さの積」として次式のように定義される.

$$M = 力 F \times 長さ L \quad （単位：\mathrm{kN \cdot m} = \mathrm{kN} \times \mathrm{m}） \tag{2.17}$$

モーメント M は，厳密に表現すると C 点まわりのモーメント M_C である．この場合の長さ L は，力 F の C 点からの距離であり，図 2.15 のように力 F（AB）に C 点から垂線を立てて定める.

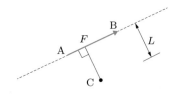

図 2.15 モーメント

(1) モーメントの向き

モーメントには，その向きにより正負の符号がつけられる．モーメントの和を考えるときにはこの符号が重要である．一般的には，つぎのものを用いる（図 2.16）.

　　時計まわり　　（右まわり）：正（+）

　　反時計まわり（左まわり）：負（−）

図 2.16　モーメントの向き

（2）ベクトル的表示

　モーメントは，ベクトルとして扱い表現すると便利なことがある．力のベクトルは図 2.17 (a)のように，モーメントは図(b)のような二重矢印で，大きさと向きを表すことがある．このとき，モーメントは，矢印を右まわり（時計まわり）にまわすと締まるねじの動きに基づいて，回転方向が定義される（右ねじの表現）．

　このように表現すると，力と同じようにモーメントもベクトルとして扱うことが可能であり，モーメントの合成や分解を考えるときに便利である．

（a）力のベクトル　　　（b）モーメントのベクトル

図 2.17　モーメントのベクトル表示

（3）モーメントの釣り合い

　力が釣り合っているときには，任意点でのモーメントの値は 0 である（2.5 節参照）．

$$M_{任意点} = \sum F_i \times L_i = 0 \tag{2.18}$$

　ただし，各力によるモーメントの値（$F_i \times L_i$）は時計まわりのときを正とする．この関係は，図 2.18 のシーソーにおける支点 B での経験的な関係式を満足している．

$$M_{B 点} = -F_A \times L_A + F_C \times L_C = 0$$

$$F_A \times L_A = F_C \times L_C \tag{2.19}$$

　シーソーやてこにおいては，二つの力が釣り合っている場合には，「距離 L_A や L_C が大きいほど，その点に作用する力は小さくてよい」ということになる．

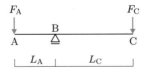

図 2.18　シーソーの釣り合い

（4）片持梁の場合

片持梁の場合には，図 2.19 の固定端である A 点まわりのモーメントを考える．

F_B による A 点の $M = F_B \times L_B$

F_C による A 点の $M = F_C \times L_C$

A 点全体　　　　$M = F_B \times L_B + F_C \times L_C$

いくつかの力が作用したときには，その合モーメントは作用力による各モーメントの和になる．

また，人が荷物を持つ場合を考えると，体から腕が離れるほど距離が大きくなりモーメントが増大する．図 2.20 のように，$F \times L_2 > F \times L_1$ であるため，重いものは左側のように，体に密着して持つのが普通である．この場合のモーメントの釣り合いは，足裏に作用している反力を考えると満足される．

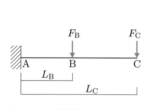

図 2.19　片持梁のモーメント

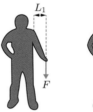

図 2.20　腕に作用するモーメント

例題 2.4　作用モーメント

図のように力が作用しているとき，A 点に対する力のモーメントを求めよ．

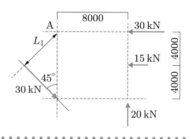

解答

水平方向の 30 kN は，A 点を通るためモーメントを生じない．また，$L_1 = 8.0 \cos 45° = 5.7$ m である．よって，つぎのように求められる．

$$\sum M_{\text{A 点}} = 15 \times 4.0 - 20 \times 8.0 - 30 \times 5.7 = -271 \,\text{kN·m}$$

2.4 一般力の数式合成

2.4.1 多くの力の数式合成

平面内にあるいくつかの力の数式合成は，力が一点に作用する場合と基本的には同じである．作用する力を F_i，角度を α_i とすると，式(2.9)，(2.10)より合力の大きさと方向（角度）が求められる（図 2.21）．

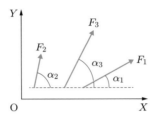

図 2.21　多くの力の合成

2.4.2 二つの平行力

図 2.22 のように，二つの平行力（力の向きが平行な力）の合力 R が A 点を通るとすると，

$$R = F_1 + F_2 \tag{2.20}$$

となり，A 点まわりのモーメントが 0 であることから，つぎのようになる．

$$F_1 \times L_1 = F_2 \times L_2$$
$$\frac{F_1}{F_2} = \frac{L_2}{L_1} \tag{2.21}$$

すなわち，二つの平行力が作用するときには，その合力は二つの力の和となり，その作用線は二つの力の距離を力の大きさに反比例して分割した点を通る．

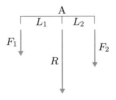

図 2.22　二つの平行力

2.4.3　平行力の合成

　一点に交わらないで平行である複数の平行力の合力は，その作用中心位置に作用する単純和の力となる．図 2.23 のような Y 軸に平行な下向きの力 F_1〜F_3 が作用した場合を考えると，以下のように合力が求められる．

$$
\text{合力}\qquad R = F_1 + F_2 + F_3 = \sum F_i \tag{2.22}
$$

$$
\text{作用位置}\quad x_{\mathrm{O}} = \frac{M_{\mathrm{O}}}{R} = \frac{\sum(F_i \times x_i)}{\sum F_i} \tag{2.23}
$$

ここに，M_{O}：F_i による O 点まわりのモーメントの和

　すなわち，「O 点に対する多くの力によるモーメントの和 M_{O} は，その合力 R の O 点に対するモーメントに等しい」．これをバリニオンの定理 という．

$$
M_{\mathrm{O}} = \sum(F_i \times x_i) = R \times x_{\mathrm{O}} \tag{2.24}
$$

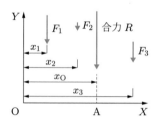

図 2.23　平行な力の合成

Check　バリニオンの定理（Varignon's theorem）

　任意の点に対する複数の力によるモーメントは，その合力の任意点に対するモーメントに等しい．

　バリニオンの定理を利用すると，多くの力が作用した場合に，その合力と合力の作用位置を使うことにより，モーメント計算を簡単に行うことができる．

　また，合力の作用点である A 点まわりのモーメントを求めると，

$$
M_{\mathrm{A}\,\text{点}} = \sum F_i \times (x_i - x_{\mathrm{O}}) = \sum(F_i \times x_i) - x_{\mathrm{O}} \sum F_i \tag{2.25}
$$

となり，式(2.24)の関係より $M_{\mathrm{A}\,\text{点}} = 0$ となることがわかる．すなわち，多数の平行力の合力位置まわりのモーメントは 0 になる．

ミニ知識 **バリニオン**（Pierre Varignon；仏 1654〜1722 年）————————

　フランスの数学者で，静力学の分野での「バリニオンの定理」などで知られている．力の平行四辺形による力の合成や力のモーメントの概念を明確にした．ニュートンとも親交があったという．

例題 2.5 平行な力の合力

　図の力 F_3 は F_1 と F_2 の合力である．長さ L_2 と力 F_3 を求めよ．

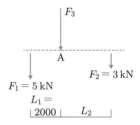

解答 ••••••••••••••••••••••••••••••••••

F_3 は F_1 と F_2 の和である．

$$F_3 = F_1 + F_2 = 8\,\text{kN}$$

モーメントの釣り合いを A 点で考えると，

$$\sum M_{\text{A 点}} = -F_1 \times L_1 + F_2 \times L_2 = 0$$

となる．よって，つぎのように求められる．

$$L_2 = \frac{5.0 \times 2.0}{3.0} = 3.3\,\text{m}$$

•••

2.5 　力の釣り合い

2.5.1 　平面力の釣り合い

　物体が力の作用を受けながらも動くことなく静止しているときには，その作用力の合力は 0 である．静止している状態では加速度が 0 となり，ニュートンの運動の第 2 法則により，結果として物体に作用する力の合力が 0 であることになる．

　このように作用力の合力が 0 であり，物体が静止している状態にあることを「釣り合っている（in equilibrium）」という．建築構造物は，通常静止した状態にあるので，

必ず釣り合い状態にある．この状態の構造物を対象にする力学を「静力学（statics）」という．平面内にある n 個の力（平面力）が釣り合うための条件は，つぎの3条件である．

$$\left.\begin{array}{c}\displaystyle\sum_{i=1}^{n} F_{Xi} = 0 \\ \displaystyle\sum_{i=1}^{n} F_{Yi} = 0 \\ \displaystyle\sum_{i=1}^{n} M_i = 0 \end{array}\right\} \tag{2.26}$$

ここに，F_{Xi}，F_{Yi} は力 F_i の X，Y 軸方向の分力であり，座標軸方向を正の力とする．$\sum M_i$ は，任意の点に関する各力のモーメントの和であり，合力によるモーメントを用いてもよい（図2.24）．

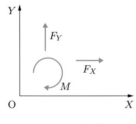

図 2.24　平面力

　この関係は，構造物全体に対しても，構造物の一部分を取り出した場合にも，必ず成立している重要な関係である．釣り合い式が三つあるので，作用する力の大きさやその方向について，三つまでの未知量を式(2.26)の関係を使って求めることができる．

▌2.5.2　一点に加わる力の釣り合い

　一点に加わる力の場合には，「モーメントの和 = 0」の条件は自動的に満足されているから，釣り合い条件はつぎの2条件となる．

$$\left.\begin{array}{c}\displaystyle\sum_{i=1}^{n} F_{Xi} = 0 \\ \displaystyle\sum_{i=1}^{n} F_{Yi} = 0 \end{array}\right\} \tag{2.27}$$

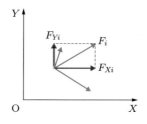

図 2.25 一点に加わる力

図 2.25 のように，一般的な任意方向の力に対しては，力 F_i を X，Y 方向に分解して F_{Xi}，F_{Yi} としてから，全体を X，Y 方向について合計する．釣り合い式が二つあるので，作用する力の大きさやその方向について，二つまでの未知量を式(2.27)の関係を使って求めることができる．

例題 2.6 平行な力

図の平行な力 F_1，F_2，F_3，F_4 は釣り合っている．力の釣り合い条件を考え，F_2，F_3 の値を求めよ．

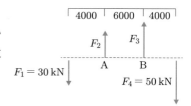

解答

数式解法により解を求める．

A 点まわりのモーメントの釣り合いから

$$\sum M_{\text{A 点}} = -F_1 \times 4.0 - F_3 \times 6.0 + F_4 \times 10.0 = 0$$

$$6F_3 = -120 + 500 = 380 \rightarrow F_3 = 63\,\text{kN}$$

Y 方向の力の釣り合いから（上向きを正として）

$$-F_1 + F_2 + F_3 - F_4 = 0 \rightarrow F_2 + F_3 = 80$$

となる．これより，$F_2 = 17\,\text{kN}$，$F_3 = 63\,\text{kN}$．

例題 2.7 一点に集まらない力

図の五つの力による A 点まわりのモーメントの和 $\sum M_{\text{A 点}}$ を求めよ．

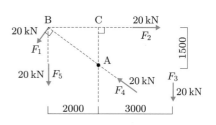

解答 •••

A 点と F_i の距離を L_i とする.

$$L_1 = \sqrt{(2.0)^2 + (1.5)^2} = 2.5\,\mathrm{m}, \qquad L_2 = 1.5\,\mathrm{m}, \qquad L_3 = 3.0\,\mathrm{m}$$

$$L_4 = 0.0\,\mathrm{m}, \qquad L_5 = 2.0\,\mathrm{m}$$

モーメントの符号は，時計まわりを正とする.

$$\sum M_{\mathrm{A\,点}} = \sum F_i L_i$$
$$= -20 \times 2.5 + 20 \times 1.5 + 20 \times 3.0 + 20 \times 0.0 - 20 \times 2.0$$
$$= 0.0\,\mathrm{kN \cdot m}$$

•••

例題 2.8　多数の力の釣り合い

図の五つの力が釣り合うためには，F_1, F_2, F_3 の値はそれぞれいくらでなくてはならないか.

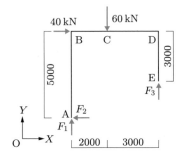

解答 •••

五つの力が釣り合うためには，$\sum F_X = 0$, $\sum F_Y = 0$, $\sum M = 0$ の3条件を満たしていることが必要である.

(1)　$\sum F_X = 0$：力の向きを図と同じようにとると，つぎのように求められる.

$$\sum F_X = -F_2 + 40 = 0.0 \rightarrow F_2 = 40\,\mathrm{kN}$$

(2)　$\sum F_Y = 0$

$$\sum F_Y = F_1 + F_3 - 60 = 0.0 \rightarrow F_1 + F_3 = 60\,\mathrm{kN}$$

(3)　$\sum M = 0$：A 点まわりのモーメントを考える．A 点と F_i の距離を L_i とする.

$$\sum M_{\mathrm{A\,点}} = \sum F_i \times L_i = 0.0$$
$$F_1 \times 0.0 + F_2 \times 0.0 - F_3 \times 5.0 + 40 \times 5.0 + 60 \times 2.0 = 0.0$$
$$F_3 = 64\,\mathrm{kN}$$

以上より，$F_1 = -4\,\mathrm{kN}$（図と反対向き），$F_2 = 40\,\mathrm{kN}$（図の向き），$F_3 = 64\,\mathrm{kN}$（図の向き）．

2.1 ［力の合成］　問図 2.1 のような力 F_1，F_2，F_3 の合力 R を，図式解法および数式解法により求めよ．

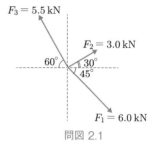

問図 2.1

2.2 ［一点に加わる力の合成］　問図 2.2 のような力 F_1，F_2，F_3，F_4 の合力 R を，図式解法および数式解法を用いて求めよ．

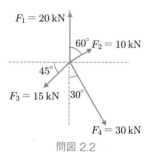

問図 2.2

2.3 ［力の分解］　問図 2.3 のような F_1 と F_2 の合力を OA，OB 方向に分解したときの分力 F_A と F_B の大きさを，数式解法を用いて求めよ．

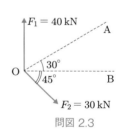

問図 2.3

2.4 ［力の釣り合い 1］　問図 2.4 のような F_1，F_2 の力と釣り合うためには，どのような力を一つ加えればよいか．数式解法により求めよ．

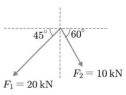

問図 2.4

2.5　［力の釣り合い2］　問図 2.5 の力群は，釣り合っているか．

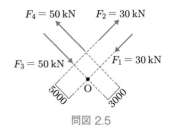

問図 2.5

2.6　［力の釣り合い3］　問図 2.6 の力群は，釣り合っているか．

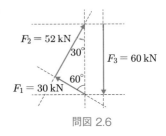

問図 2.6

2.7　［平行な力の合成］　問図 2.7 のような平行な力の合力 F の大きさ，向き，作用線を，数式解法を用いて求めよ．

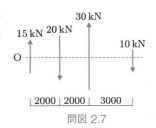

問図 2.7

2.8　［一般力の合力］　問図 2.8 のような任意の点に作用する三つの力 F_1，F_2，F_3 の合力を図式解法により求めよ．また，示力図を作成せよ．

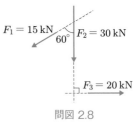

問図 2.8

2.9　［剛体にはたらく力］　問図 2.9 のような B 点に第 3 の力 F_B がはたらいているとして，全体で三つの力 F_A，F_B，F_C が釣り合うためには，F_B はどのような力になるか．図式解法により求めよ．

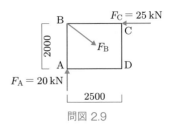

問図 2.9

第3章 | 構造物のモデル化と荷重

　建築構造物は，柱や梁といった部材から構成されている．これらの部材は三次元的に組み立てられているが，取り扱いを簡単にするために二次元の鉛直面内にある平面構造物として考える．また，部材は幅とか高さ（せい）をもっているが，それを部材の中心にある線状の部材，すなわち線材と見なしてモデル化する．柱や梁部材は直線状のものが多いので，本書では直線状の線材を対象としている．

　建築物に作用する荷量は，主として自然条件により定められるものである．自然条件としては，雪，風，地震などがあげられる．建物自重も，建物建設地の重力加速度によるものであり，広義には自然条件と見なしてよい．また，建物内における人の活動による荷量（積載荷重）は，「人の営み」によるものであり，時代により変化していくものであることに注意する．

　これらの自然条件や人の活動は，荷重として力学モデルに組み込まれる．

イギリス・エディンバラ〈フォース鉄道橋〉
鋼の恐竜ともよばれるゲルバー橋（1890年完成）

3.1　構造物のモデル化

　図 3.1 のように柱と梁からなる実構造物は，線材として平面的な力学モデルにモデル化される．以下に，その力学モデルを構成する支点，節点，部材（図 3.2）について説明し，全体性状が安定・静定・不静定のどれになるかを示す．

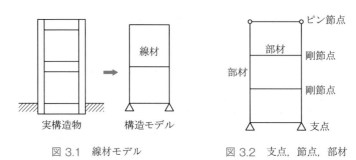

図 3.1　線材モデル　　　　　　　図 3.2　支点，節点，部材

3.1.1　支点の種類と反力

　建築構造物は，何らかの方法で支持され，外部から作用した力（外力）を地盤などに伝える必要がある．このような支持点のことを支点（support）という．当たり前のことであるが，建築物は地盤面に固定されており，支点のない構造物はない．

　支点には反力（reaction force）が生じるので，反力の数に応じて支点の種類が分類される．水平方向反力を R_X，鉛直方向反力を R_Y，モーメント反力を R_M とする．

　支点記号の意味は，ローラー支点は △ の向きと反力の向きが一定であり，ピン支点は △ の向きは意味がなく任意方向の反力がある．固定支点の場合も同様に，任意方向の反力があることを示している（図 3.3，表 3.1）．

①　ローラー支点（roller support）　　図 3.3 (a) のように，一つの反力のみが存在するもので，通常は鉛直方向反力のみである（反力数 = 1）．
   - 鉛直方向には不動（移動しない）：反力 R_Y あり
   - 水平方向と回転は自由　　　　　　：反力 $R_X = 0$，$R_M = 0$

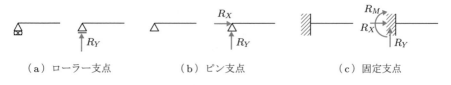

（a）ローラー支点　　　　　（b）ピン支点　　　　　（c）固定支点

図 3.3　支点の種類

表 3.1 支点と節点

形状	ローラー	ピン	固定
支点	反力 R_Y	反力 R_X, R_Y	反力 R_X, R_Y, R_M
節点	節点力 F_Y	節点力 F_X, F_Y	節点力 F_X, F_Y, F_M
反力および節点力の数	1	2	3

② ピン支点 (pin support, hinge support) 図 3.3 (b)のように，鉛直およ
び水平の 2 方向に，反力が存在するものである（反力数 = 2，任意方向 θ の反
力 R があるとも考えられる）.

- 鉛直と水平方向に不動（移動しない）：反力 R_X と R_Y あり
- 回転は自由　　　　　　　　　　　　：反力 $R_M = 0$

③ 固定支点 (fix support) 図 3.3 (c)のように，鉛直・水平およびモーメン
トの 3 種類の反力が存在するものである（反力数 = 3）.

- 鉛直と水平方向に不動（移動しない）：反力 R_X と R_Y あり
- 回転しない　　　　　　　　　　　　：反力 R_M あり

■3.1.2 節点の種類

　二つ以上の部材相互の接合点を節点（joint, node）という．表現を変えれば，部材
を区切っているものが節点である．どの範囲が 1 本の部材かは，考え方により一定で
はないが，通常は柱や梁などの構成部材単位に分けている.

　図 3.4，表 3.1 のように，3 種類の節点が定義される．実際には，建築構造におけ
る節点は，形状的に明確にピンやローラー節点として設計されていることは少ない
が，そのように仮定されていることが多い．しかし，建築的な表現手段の一つとして
ピン節点が採用されることもある（図 3.5）.

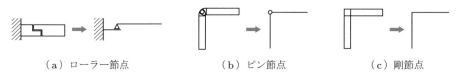

（a）ローラー節点　　　　　　（b）ピン節点　　　　　　（c）剛節点

図 3.4　節点の種類

図 3.5　ピン節点の例

① ローラー節点（roller joint）　鉛直方向力のみを伝達する節点である．現実にはあまり用いられず，例外的に温度による伸縮を左右方向に自由に動いて吸収しようとするときなどに使用される．節点で伝達される力は，F_Y のみである．

② ピン節点（pin joint）　鉛直および水平方向力を伝達する節点であり，曲げモーメントは伝えない．ピン節点ではモーメントが 0 であり，部材は端部で回転して部材間の角度は変化する．節点で伝達される力は，F_X と F_Y の二つである．

③ 剛節点（fixed joint）　鉛直，水平方向力およびモーメントを伝達する節点である．部材端部は相互に剛につながっているため，節点が回転しても部材相互の角度は不変であるとしている．節点で伝達される力は，F_X，F_Y，F_M の三つである．

▌3.1.3　部材応力の種類と符号

　部材とよばれる通常の構造部材には，軸方向力 N，曲げモーメント M，せん断力 Q の3種類の部材応力が生じる．部材応力は，部材の材軸に沿って断面内に存在している力であり，目に見えるわけではない．しかし，部分的に部材を切り出して，その両端に生じている力として考えると便利なために，説明上そのように取り扱われる．

　また，外力や反力のモーメントと部材応力である曲げモーメントは混同しやすい．本書では，外力や反力の「モーメント」と部材応力としての「曲げモーメント」を，「曲げ」をつけることで区別している．

　　① 軸方向力（axial force：N）　部材を材軸方向に引張ったり押したりする力によるものである．両側に引張られるときは引張力，押されるときは圧縮力という．通常は引張力を正（＋）とし，圧縮力を負（－）とし，単位は N や kN を用いる（図 3.6 (a)）．

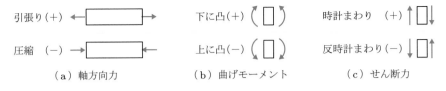

図 3.6　部材応力の種類

② **曲げモーメント**（bending moment：M）　部材に両側から作用して曲げようとする力である．通常は，下側が引張られる状態を正（下に凸：+），上側が引張られる状態を負（上に凸：−）とする．曲げモーメントの単位はモーメントと同じで力に長さを掛けたものであり，N·m や kN·m などで表される（図 3.6 (b)）．

③ **せん断力**（shear force：Q）　部材の軸に直角方向に作用する力であり，部材を断ち切ろうとする（せん断する）力である．ハサミのようなもので部材を断ち切ると考えればよく，一組の反対向きの力からなる．せん断力の符号は，この一組の力が部材を時計まわりに回転させるときに正（+），反時計まわりの場合に負（−）とする．せん断力の単位は，N や kN を用いる（図 3.6 (c)）．

④ **外力の符号との使い分け**　部材応力の符号は，上記のように個々の部材応力に応じて定められる．これに対して，外力や反力の符号は，F_X，F_Y は X，Y 軸の正方向，またモーメント M については時計まわりを正とするので，使い分けに注意する（図 3.7）．

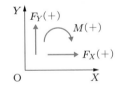

図 3.7　外力と反力の符号

3.2　構造物の性質

　構造物には，安定と不安定や静定と不静定といった，その構造物固有の条件により定まる性質がある．一般構造物を分類すると図 3.8 のようになる．

▍3.2.1　安定と不安定
構造物は，力が作用したときに安定を保ってその形が崩れないことが重要である．

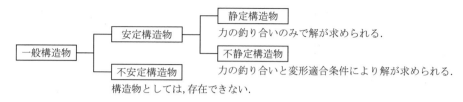

図 3.8　構造物の分類

このような構造物を安定構造物（stable structure）といい，形が崩れてしまうものを不安定構造物（unstable structure）という．構造物が安定であるかどうかは，構造物の節点や支点がどのように構成されているかによる．

　図 3.9 に不安定構造物の例を示す．水平または鉛直に力が加われば，大きく回転と移動を生じてしまう．一方，図 3.10 に示す安定構造物は，作用外力に対して安定している．

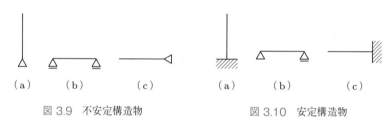

図 3.9　不安定構造物　　　　図 3.10　安定構造物

　このように，一見して不安定とわかるものもあるが，形が複雑になると，部材の結合状態（節点の条件）や支点条件により安定か不安定かが定まることになる．

3.2.2　静定と不静定

（1）静定構造物

　安定構造物のうちで，任意の力に対して力の釣り合い条件のみ（$\sum F_X = 0$，$\sum F_Y = 0$，$\sum M = 0$ の三条件）で，すべての反力および部材応力が決定されるものを静定構造物（statically determinate structure）という．

　静定構造物は，作用外力による部材応力が，部材の結合状態や支点条件で決まり，部材の材料や断面の大小に関係ないのが特徴である．また，温度変化，地盤沈下，部材の収縮といった変形を伴う条件変化に対しても，部材応力が生じない．

（2）不静定構造物

　静定でない構造物は，構造物の変形に応じて部材応力を生じることになり，不静定構造物（statically indeterminate structure）とよばれる．

　不静定構造物の応力解析は，力の釣り合いと変形適合条件（各節点における連続条

件や各支点における拘束条件）を満足するような解を求めることになる．具体的には，変形や部材応力を未知数として連立方程式を解いて解を求める．また，不静定次数に対応する剰余力とよばれる反力を解除することにより，静定構造物の組み合わせとして解を求めることもできる．

▌3.2.3 数式判別

安定と不安定および静定と不静定を，判別式により判定することができる．この式は，未知の応力数と釣り合い式の数を比較することにより，構造物の性質を判定する．

判別式　$N = (m + r + p) - 2k$　　　　　　　　　　　　　　　　(3.1)

ここに，m：部材数（支点，節点，自由端で区切られた部材）

r：支点反力数（ローラー $= 1$，ピン $= 2$，固定 $= 3$ の合計値）

p：剛接部材数（図 3.11）

各節点で一つの部材に接合されている剛接部材数の和，または $p =$ 剛接部材端数 $-$ 剛接節点数

k：節点数（支点と自由端も節点として数える）

N の値により，構造物は以下のように判別される．

$N > 0$　安定・不静定（N の数が不静定次数）

$N = 0$　安定・静定　　　　　　　　　　　　　　　　　　(3.2)

$N < 0$　不安定

N が正の値となる不静定構造物では，N 個の未知数が力の釣り合い条件のみでは求められないことになり，別途の条件（変形適合条件）を導入する必要がある．

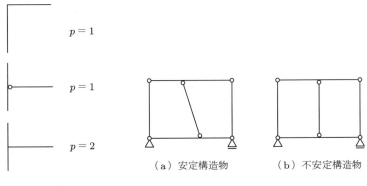

$p = 1$

$p = 1$

$p = 2$

（a）安定構造物　　　　（b）不安定構造物

図 3.11　剛接部材数 p　　　　　　　　　図 3.12　安定と不安定

N が正の値の場合でも，安定とならない特殊な場合があることに注意する．図 3.12 の場合は，$m = 7$，$r = 3$，$p = 2$，$k = 6$ であり，$N = 0$ となるが，図(a)は安定，図(b)は不安定である．

図 3.12 (b)の場合は，全体が左右に倒れようとするときに止める機構がないことにより，不安定となる．このように，判定式に加えて，変形状態を想定して安定かどうかをさらに検討することが必要な場合がある．

参考 判別式の根拠

判別式(3.1)は，未知数の数（反力数＋部材応力数）と節点の釣り合い条件式の数を比較して求めている．この関係を導いてみると，つぎのようになる．

- 部材の材端条件
  - ① PP：両端ピン（部材応力数 1：軸方向力のみ）
  - ② PG：一端ピン他端剛（部材応力数 2：軸方向力と一端曲げモーメント）
  - ③ GG：両端剛（部材応力数 3：軸方向力と両端曲げモーメント）
- 節点の条件
  - ① P：ピン節点（釣り合い式数 2）
  - ② G：剛節点（釣り合い式数 3）
- 判別式の算定

$$\text{部材数} \quad m = S_{\mathrm{PP}} + S_{\mathrm{PG}} + S_{\mathrm{GG}} \tag{3.3}$$

$$\text{ここに，} S_{\mathrm{PP}}：\text{両端ピン部材数}$$
$$S_{\mathrm{PG}}：\text{一端ピン他端剛部材数}$$
$$S_{\mathrm{GG}}：\text{両端剛部材数}$$

$$\text{反力数} \quad r$$

$$\text{節点数} \quad k = k_{\mathrm{P}} + k_{\mathrm{G}} \tag{3.4}$$

$$\text{ここに，} k_{\mathrm{P}}：\text{ピン節点の数}$$
$$k_{\mathrm{G}}：\text{剛節点の数}$$

$$\text{部材応力数} \quad n = S_{\mathrm{PP}} + 2S_{\mathrm{PG}} + 3S_{\mathrm{GG}}$$
$$= m + S_{\mathrm{PG}} + 2S_{\mathrm{GG}} \tag{3.5}$$

$$\text{釣り合い式数} \quad 2k_{\mathrm{P}} + 3k_{\mathrm{G}} \tag{3.6}$$

$$\text{判別式} \quad N = (\text{反力数} + \text{部材応力数}) - (\text{節点釣り合い式数})$$
$$= (r + m + S_{\mathrm{PG}} + 2S_{\mathrm{GG}}) - (2k_{\mathrm{P}} + 3k_{\mathrm{G}})$$
$$= r + m + (S_{\mathrm{PG}} + 2S_{\mathrm{GG}} - k_{\mathrm{G}}) - 2(k_{\mathrm{P}} + k_{\mathrm{G}})$$
$$= (m + r + p) - 2k \tag{3.7}$$

$$\text{ここに，} p = S_{\mathrm{PG}} + 2S_{\mathrm{GG}} - k_{\mathrm{G}}$$

p は剛接部材数とよばれ，各節点で一つの部材に接合されている剛接材数の和，または，（剛接部材端数 − 剛接節点数）から計算される．

判別式の値 N は，定義からもわかるように未知数と釣り合い式数の差であり，$N = 0$ の場合には未知数と釣り合い式の数が同じとなり静定構造物となる．

3.3 構造物の種類

建築構造物は力学的なモデルとして，図 3.13 のようにいくつかの型に分類できる．

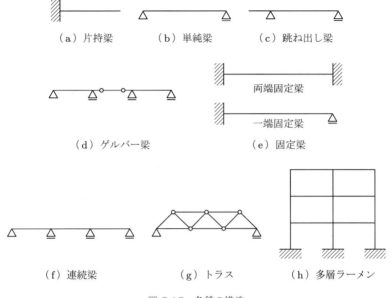

（a）片持梁　　（b）単純梁　　（c）跳ね出し梁

両端固定梁

一端固定梁

（d）ゲルバー梁　　　　（e）固定梁

（f）連続梁　　　（g）トラス　　　（h）多層ラーメン

図 3.13　各種の構造

（1）静定梁

　静定構造の梁としては，限られた形状のものとなるが，代表的なものとしてはつぎの 4 例がある．

　　① 片持梁（cantilever. 図 3.13（a））　　一端のみが固定支持されている梁であり，バルコニーを支持する梁などに用いられる．固定端から梁が突き出した形状であり，片方から持ち出しているという意味で，片持梁とよばれている．

　　② 単純梁（simple beam. 図 3.13（b））　　一端ピン支持，他端ローラー支持されている梁で，最も一般的な静定梁である．床を支持する小梁や道路橋などに，多く用いられている．

　　③ 跳ね出し梁（cantilevered beam. 図 3.13（c））　　単純梁の一端が跳ね出している梁であり，①と②が組み合わされた形式である．

④　ゲルバー梁（hinged beam．図 3.13（d））　　中間にピン節点のある梁で，一見複雑に見えるが中間ピンの条件を考慮すると静定構造物である．また，ピンの位置を工夫すると，図(f)の連続梁と同様の応力状態となる．図(d)の場合は，判別式 $N = (5+5+2) - 2 \times 6 = 0$ となり，静定構造物であることがわかる．

（2）不静定梁

静定梁の支持条件の固定度が増加すると不静定梁になる．不静定梁の代表的なものとしては，つぎの 2 例がある．

⑤　固定梁（fixed end beam．図 3.13（e））　　一端以上が固定支持された梁で，両端固定梁や一端固定他端ローラー梁などがある．

⑥　連続梁（continuous beam．図 3.13（f））　　二つ以上の梁が連続して接合されており，ローラーまたはピン支持されている梁であり，支点上でモーメントが生じる．外見上は同じでも，いくつかの単純梁（両端がピンとローラー）の集合とは異なることに注意する．

（3）そのほかの構造

⑦　トラス（truss．図 3.13（g））　　すべての節点がピン節点であり，部材が三角形を構成している構造物である．トラスの部材応力には，節点がピンであるため軸方向力しか生じず，曲げモーメントやせん断力がないのが特徴である．トラスには，静定トラスと不静定トラスがある．

⑧　ラーメン（rigid frame，ドイツ語：Rahmen．図 3.13（h））　　柱と梁のような部材からなり，部材相互が剛に接合されている剛接構造骨組みを，ラーメン構造という．1 層 1 スパンの場合を門形ラーメン（portal frame）とよぶ．ラーメン構造の層数が多くなり，スパン数も多くなったものが，一般的な多層ラーメン構造（multi-story frame）となる．一般的な建築構造として，最もよく用いられている構造である．

ミニ知識　ゲルバー梁

　ゲルバー梁は，ドイツのゲルバー（J.G.H Gerber，1832–1912）が 1866 年にこの形状の梁の特許を取ったので，その名が付けられている．

　土木の橋梁において多くの使用例があり，代表的な橋としては，日本では東京の両国橋がある．また，1890 年に竣工したイギリス・スコットランドの「フォース鉄道橋」が有名である．この橋は，力学的な説明のための写真に日本人が協力していることでも知られている．右の写真上部の図がフォース橋のモデル図で，その力学機構を人が表現したものが写真の 3 人である．人の腕が引張材・棒材が圧縮材となり，両側の煉瓦と中央の日本人を支えている（第 3 章冒頭の写真参照）．

(中央は，土木技術者の渡邊嘉一氏)

例題 3.1 安定・不安定と静定・不静定（梁の例）

図(a)～(f)の構造物が安定か不安定か，また静定か不静定か答えよ．

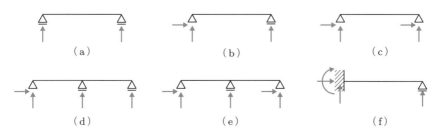

（a）　　　　　　　　　　（b）　　　　　　　　　　（c）

（d）　　　　　　　　　　（e）　　　　　　　　　　（f）

解答 ・・・・・・・・・・・・・・・・・・・・・・・・・・・・・・・・・・・・

(1)　梁（図(a)）：部材数 $m = 1$，支点反力数 $r = 2$，剛接部材数 $p = 0$，節点数 $k = 2$.

$$N = (1 + 2 + 0) - 2 \times 2 = -1$$

不安定構造物である（水平に移動する）．

(2)　梁（図(b)）：$m = 1$, $r = 3$, $p = 0$, $k = 2$.

$$N = (1 + 3 + 0) - 2 \times 2 = 0$$

安定・静定構造物である．

(3)　梁（図(c)）：$m = 1$, $r = 4$, $p = 0$, $k = 2$.

$$N = (1 + 4 + 0) - 2 \times 2 = 1$$

安定・1 次不静定構造物である．

(4)　連続梁（図(d)）：$m = 2$, $r = 4$, $p = 1$, $k = 3$.

$$N = (2 + 4 + 1) - 2 \times 3 = 1$$

安定・1 次不静定構造物である.

(5)   連続梁（図(e)）：$m = 2$, $r = 5$, $p = 1$, $k = 3$.

$$N = (2 + 5 + 1) - 2 \times 3 = 2$$

安定・2 次不静定構造物である.

(6)   固定梁（図(f)）：$m = 1$, $r = 4$, $p = 0$, $k = 2$.

$$N = (1 + 4 + 0) - 2 \times 2 = 1$$

安定・1 次不静定構造物である.

例題 3.2   安定・不安定と静定・不静定（ラーメンとトラスの例）

図(a)〜(e)の構造物が安定か不安定か，また静定か不静定か答えよ.

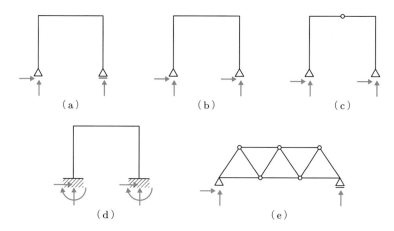

(a)   (b)   (c)   (d)   (e)

解答

(1)   ラーメン（図(a)）：$m = 3$, $r = 3$, $p = 2$, $k = 4$.

$$N = (3 + 3 + 2) - 2 \times 4 = 0$$

安定・静定構造物である.

(2)   ラーメン（図(b)）：$m = 3$, $r = 4$, $p = 2$, $k = 4$.

$$N = (3 + 4 + 2) - 2 \times 4 = 1$$

安定・1 次不静定構造物である.

(3)　ラーメン（3 ヒンジラーメン）（図(c)）：$m = 4$, $r = 4$, $p = 2$, $k = 5$.

$$N = (4 + 4 + 2) - 2 \times 5 = 0$$

安定・静定構造物である．梁中央部のピンにより，部材数と節点数が 1 増え，静定構造物となる．

(4)　ラーメン（図(d)）：$m = 3$, $r = 6$, $p = 2$, $k = 4$.

$$N = (3 + 6 + 2) - 2 \times 4 = 3$$

安定・3 次不静定構造物である．

(5)　トラス（図(e)）：$m = 11$, $r = 3$, $p = 0$, $k = 7$.

$$N = (11 + 3 + 0) - 2 \times 7 = 0$$

安定・静定構造物である．

3.4　荷重と外力

　建築構造物は，建物に作用する自然条件に対して，居住性を確保し安全でなければならない．この自然条件を構造物に作用する荷重や外力（load, applied force）として，モデル化した構造物に作用させて安全性を検討する．ここでは，「建築基準法・同施行令」で規定されている 5 種類の荷重（固定，積載，雪，風，地震）の性質について概説する．なお，構造力学は世界共通であるが，荷重は国によって変わる．

3.4.1　固定荷重

　固定荷重（dead load）G は，鉛直下向きに作用する建物自体の重量（柱，梁，床，仕上げなど）による荷重である（図 3.14）．

　柱，梁，壁，床，固定的仕上げ材料などの各部荷重を建物全体にわたって集計すると，建物全体の重量が算定できる．通常の住宅や事務所建物の重さは，つぎの程度で

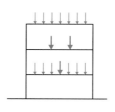

図 3.14　固定荷重

ある.

- 鉄筋コンクリート（RC）造　　　　　$10\sim15\,\mathrm{kN/m^2}$（13 程度）
- 鉄骨（S）造　　　　　　　　　　　　$6\sim\ 9\,\mathrm{kN/m^2}$（7 程度）
- 鉄骨鉄筋コンクリート（SRC）造　$13\sim16\,\mathrm{kN/m^2}$

▌3.4.2　積載荷重

　積載荷重（live load）P は，人間や家具などの建物床に載るものの重量による荷重であり，鉛直下向きに作用する（図 3.15）．積載荷重は，建物を人が利用するために必然的に発生する荷重であり，建物をどのように使用するかに応じて設定することとしているが，実際には「建築基準法・施行令」に定めた標準値（表 3.2）を用いることが多い．対象面積に応じて，積載荷重は異なる値を採用していることに注意する．

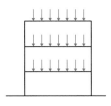

図 3.15　積載荷重

表 3.2　積載荷重の例（建築基準法・同施行令）

（単位：$\mathrm{kN/m^2}$）

構造計算の対象 室の種類	床の構造計算 をする場合	大梁，柱又は基礎の 構造計算をする場合	地震力を計算 する場合
(1) 住宅の居室，住宅以外の建築物における寝室又は病室	1.80	1.30	0.60
(2) 事務室	2.90	1.80	0.80
(3) 教室	2.30	2.10	1.10

▌3.4.3　積雪荷重

　積雪荷重（snow load）S は，一般に鉛直下向き荷重であり（図 3.16），積雪の単位重量に屋根の水平投影面積とその地方の垂直積雪量を掛けて求める．すなわち，次式となる．

$$積雪荷重\quad S = p \times A \times d\,[\mathrm{N}] \tag{3.8}$$

　ここに，p：積雪の単位重量（$[\mathrm{N/cm/m^2}]$ すなわち 1 cm ごとに

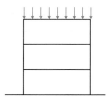

図 3.16 積雪荷重

$[\mathrm{N/m^2}])$

A：屋根の水平投影面積 $[\mathrm{m^2}]$

d：垂直積雪量 $[\mathrm{cm}]$

積雪の単位重量 p は，根雪などの積雪期間の影響を受ける．一般には $p = 20$ とするが，多雪区域ではこれより大きな値を用いることもある．

▌3.4.4 風荷重

地球上の物は，空気の移動によって生じる風の作用を受ける．建築構造物は，風の流れに抵抗して動かないため，風の流れが乱された結果として風圧力を受ける（図 3.17）．

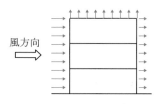

風方向 ⇨

図 3.17 風荷重

風荷重（wind load）W は，次式により与えられ，壁面には水平方向，屋根面には面に垂直な方向の荷重を受ける．

風荷重　$W = q \times C \times A\,[\mathrm{N}]$ $\qquad(3.9)$

風圧力　$w = q \times C\,[\mathrm{N/m^2}]$ $\qquad(3.10)$

速度圧　$q = 0.6EV_0^2\,[\mathrm{N/m^2}]$ $\qquad(3.11)$

ここに，E：屋根の高さや周辺状況による係数

V_0：その地方の過去の強風記録に基づく基準風速（$30\,\mathrm{m/s}$ から $46\,\mathrm{m/s}$ までの風速）

A：受風面積（風が吹きつける面積 $[\mathrm{m}^2]$）

C：風力係数（建物形状による係数）

▌3.4.5　地震荷重

　一般的な地震荷重（seismic load）K は，地震時に建物に作用すると想定される等価な水平力として定義され，実用的には水平力の合計値として，図 3.18 に示した層せん断力で与えられる．また，層せん断力を建物重量で割った層せん断力係数により表現される．

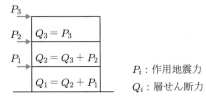

図 3.18　地震荷重

　建築物に地震時に作用すると思われる力に相当する水平方向の力を，次式により与えられる地震力として建物に作用させる．

地震力　　$Q_i = C_i \cdot W_i$ 　　　　　　　　　　　　　　　　　　　　　(3.12)

　　　　　$C_i = Z \cdot R_t \cdot A_i \cdot C_o$ 　　　　　　　　　　　　　　　　　(3.13)

　　　ここに，Q_i：建物の i 番目層の層せん断力

　　　　　　　C_i：i 層の層せん断力係数

　　　　　　　W_i：i 層より上の建物重量 $[\mathrm{kN}]$

　　　　　　　Z：地域係数（0.7〜1.0）

　　　　　　　R_t：地盤と建物の 1 次固有周期により決まる係数（$\leqq 1.0$）

　　　　　　　T：建物の 1 次固有周期 [秒]（RC・SRC 造：$T = 0.02H$，

　　　　　　　　　S 造：$T = 0.03H$，H：建物高さ $[\mathrm{m}]$）

　　　　　　　A_i：i 層の割増し係数（$\geqq 1.0$）

　　　　　　　C_o：基準層せん断力係数（一次設計用 $C_o \geqq 0.2$）

　　　　　　　　　　　　　　　　　　　（二次設計用 $C_o \geqq 1.0$）

3.5 建築基準法に定められた荷重とその組み合わせ

「建築基準法」では，5種類の荷重により生じる応力の組み合わせが，表3.3のように規定されている．長期荷重に対して部材応力度は長期許容応力度以下，短期荷重に対して部材応力度は短期許容応力度以下とする．表の組み合わせにおいては，荷重方向により正負が異なる場合を考慮する．

表 3.3 応力の組み合わせ

（対象）固定荷重 G，積載荷重 P，積雪荷重 S，風荷重 W，地震荷重 K
（組み合わせ）

	応力の種類	状態	一般地域	多雪地域
1	長 期	常 時 積雪時	$G + P$	$G + P$ $G + P + 0.7S$
2	短 期	積雪時	$G + P + S$	$G + P + S$
3	短 期	暴風時	$G + P + W$	$G + P + W$ $G + P + 0.35S + W$
4	短 期	地震時	$G + P + K$	$G + P + 0.35S + K$

なお，地震荷重についてはいくつかの計算方法が可能であるが，いずれにしてもここで示した短期の計算を行う必要がある．

3.6 荷重モデルの種類

前節に述べたような荷重が構造物に作用するが，構造解析においてはこれらをモデル化して，単純な荷重として取り扱う．荷重モデルとしては，図3.19に示す集中荷重，等分布荷重，等変分布荷重，移動荷重などがあげられる．

① 集中荷重（図3.19(a)）　作用する荷重が一点に集中していると考えるものである．実際には，一点には集中しないで小面積に分布したり，近接しているくつかの荷重が作用しているものを，近似的に一点に作用すると見なす．たとえば，人の体重は両方の足から作用するが中心に集中すると仮定することがある．単位としては，N や kN を用いる．

② 等分布荷重（図3.19(b)）　部材の軸に沿って長さあたり均等に分布している荷重である．たとえば，鉄筋コンクリート梁や柱の自重は，長さあたりいくらということで算定される．単位としては，N/m や kN/m を用いる．たとえば，幅 $0.3\,\mathrm{m} \times$ せい $0.6\,\mathrm{m}$（$300\,\mathrm{mm} \times 600\,\mathrm{mm}$）の鉄筋コンクリート梁の重量は，$0.3 \times 0.6 \times 24 = 4.3\,\mathrm{kN/m}$ となる．

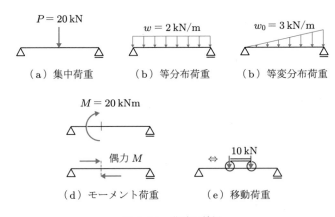

図 3.19　荷重の種類

③ 等変分布荷重 （図 3.19 (c)）　　土圧や水圧による荷重のように，部材の軸方向に直線的に変化する荷重がある．変化率が一定，すなわち等変分布荷重はこのような場合に適用される．単位としては，N/m や kN/m を用いるが，この値が長さ方向にさらに変化している．

④ モーメント荷重 （図 3.19 (d)）　　モーメントが直接外力として作用すると想定することがある．実際には，直接モーメントが作用するわけではないが，ほかの力との組み合わせとして存在することがあるので，一種の荷重として考える．

⑤ 移動荷重 （図 3.19 (e)）　　建築においては，多少の移動は無視して静止荷重と見なすことが多い．しかし，重量の大きい車両やクレーンの移動を考える場合には，移動荷重として扱う必要がある．移動荷重は，荷重の位置により各部に生じる部材応力が異なってくるので，詳細な検討が必要となる．

演習問題

3.1　［剛接部材数］問図 3.1 (a)〜(e)の各節点の剛接部材数 p を求めよ．

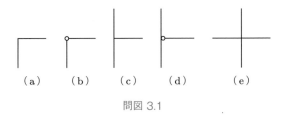

問図 3.1

3.2 ［安定と不安定，静定と不静定］問図 3.2 (a)〜(e)の各構造物の安定と不安定，静定と不静定を判別し，不静定次数を示せ．

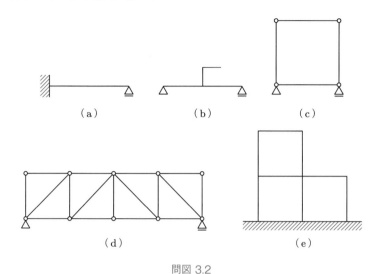

(a) (b) (c)

(d) (e)

問図 3.2

3.3 ［構造物の種別］問図 3.3 (a)〜(f)の各構造物の安定と不安定，静定と不静定を判別し，不静定次数を示せ．

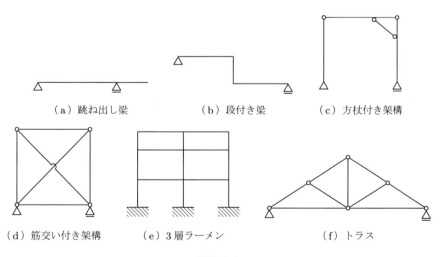

(a) 跳ね出し梁 (b) 段付き梁 (c) 方杖付き架構

(d) 筋交い付き架構 (e) 3層ラーメン (f) トラス

問図 3.3

第4章 | 片持梁

　片持梁は，最も単純な静定構造物である．最初に片持梁を取り上げ，集中荷重や分布荷重が作用する場合を検討する．

　片持梁は，支点は固定点一つしかないので，作用した外力は一方向的に唯一の固定点に流れる．支点反力としては，水平方向反力 H，鉛直方向反力 V，モーメント反力 M の3種類が存在している．部材応力としては，軸方向力 N，曲げモーメント M，せん断力 Q の3種類がある．

　作用外力が鉛直方向のみのときには，水平方向反力 H は0となる．また，部材応力としても軸方向力 N が0となり，曲げモーメント M とせん断力 Q のみとなる．

アメリカ・ホノルル〈East-West Center〉
片持梁（プレキャスト鉄筋コンクリート造）

4.1 集中荷重を受ける場合

■4.1.1 外力, 反力と部材応力

外力, 反力と部材応力を区別して理解することが大切である（図 4.1）.

① 外力（applied force）　外部から荷重として作用する力であり, 集中荷重や分布荷重などがある.

② 反力（reaction force）　外力により支点に生じる力である. 構造物にとっては, 外力と同様に構造物外から作用するものであり, 外力と同じ扱いをすることが多い.

③ 部材応力（member stress）　部材内部に生じている力であり, 内部応力（内力）とも, 略称して応力ともいわれる.

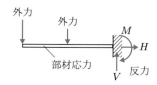

図 4.1　外力・反力と部材応力

■4.1.2 部材応力の計算手順

部材応力の計算を行う際には, 以下の手順をふんでいくとわかりやすい. そのつど書かなくても, 頭で考えて適宜計算を省略してよいが, 最初はこの手順を守ることにより計算原理を理解することが大切である.

（1）反力の計算

外力と反力は釣り合っているから,

$$\sum F_X = 0, \qquad \sum F_Y = 0, \qquad \sum M_{\text{任意点}} = 0 \qquad (4.1)$$

の関係を用いて, 反力（V_B, H_B, M_B）を計算する.

（2）部材応力の計算

部材応力は本来見えないわけであるが, 図 4.2 に示すように, 部材を途中で切断することにより, 断面力として表現できる. そして, 釣り合い関係式（4.1）を用いて端部から x の位置での部材応力（N_x, M_x, Q_x）の値を定める. 部材応力の方向は, 切断面に生じる正方向の部材応力を仮定しているので, 負の値が生じたら仮定方向と逆方向が正しい方向となる. この計算は, 荷重の作用している位置を区切りとして, 部材に沿っていくつかに分割して計算する.

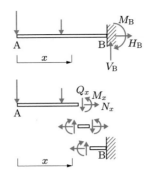

図 4.2 切断により現れる部材応力

図 4.3 のように左から計算する場合と，図 4.4 のように右から計算する場合がある．どちらからでも結果は同じになるが，計算上の間違いが少ない方向を選ぶとよい．図 4.4 では，右側の反力値を用いているので，反力の計算値が間違っていると部材応力も間違えることになる（図 4.5）．

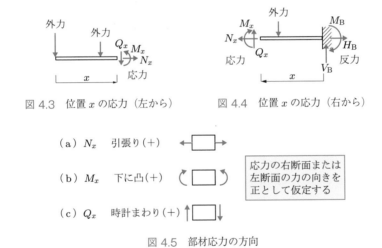

図 4.3 位置 x の応力（左から）　　図 4.4 位置 x の応力（右から）

(a) N_x　引張り（+）

(b) M_x　下に凸（+）

(c) Q_x　時計まわり（+）

応力の右断面または
左断面の力の向きを
正として仮定する

図 4.5 部材応力の方向

―――

ミニ知識 **応力計算**

　構造物モデルに外力を作用させ，反力，部材応力，変形を算定することを「応力計算」または「応力解析」という．第 4 章〜第 6 章では，静定構造物を対象として，反力と部材応力の計算原理と方法を学ぶ．静定構造物の応力計算を行う際の基本原理は「力の釣り合い」であり，これがすべてである．「全体でも部分でも，必ず力は釣り合っている」ということを忘れてはならない．この原則と，部材応力の正負の約束を理解すれば，応力計算はそれほど難しいものではない．

（3）作　図

N_x，M_x，Q_x の各部材応力を部材軸と直角方向に描き，それぞれ軸方向力図（N図），曲げモーメント図（M図），せん断力図（Q図）とよぶ．

作図の方法としては，M図は引張られる側（凸側）に図を描くこととする．結果として，梁の場合には，負の場合に（上側が引張り）上側に，正の場合に（下側が引張り）下側に，M図を描く（図 4.6）．

N図と Q図は，梁の場合には，上を正，下を負として描く．柱の場合は適当に右から見るまたは左から見ると決めて（＋）側を統一して描く（部材応力は符号付きで図示したほうがわかりやすい）．

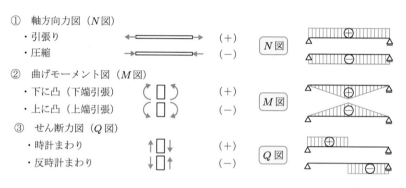

① 　軸方向力図（N図）
　・引張り　　　　　　　　　　　　　　（＋）
　・圧縮　　　　　　　　　　　　　　　（－）
② 　曲げモーメント図（M図）
　・下に凸（下端引張）　　　　　　　　（＋）
　・上に凸（上端引張）　　　　　　　　（－）
③ 　せん断力図（Q図）
　・時計まわり　　　　　　　　　　　　（＋）
　・反時計まわり　　　　　　　　　　　（－）

図 4.6　部材応力の符号と応力図の作図法

4.2 　集中荷重を受ける片持梁

片持梁の基本的な部材応力を理解するために，各種の荷重を受ける片持梁の部材応力を計算する．この段階で，基礎的な応力計算法を身につけておくことが大切である．

例題 4.1　集中荷重を受ける片持梁

図(a)の片持梁の反力と応力図（M図，Q図）を求めよ．

40 kN

A　　　　　　　　　B

8000

（a）

解答

① 　反力の計算（図(b)）：力の釣り合い式を用いて反力を計算する．反力は H_B，V_B，M_B の 3 種類が固定点 B 点に存在する．三つの釣り合い式を用いて三つの反力値が求められる．

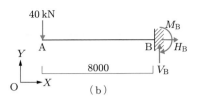

(b)

$$\sum F_X = H_B = 0.0 \rightarrow H_B = 0.0$$

$$\sum F_Y = -40 + V_B = 0.0 \rightarrow V_B = 40$$

$$\sum M_{B\,点} = -40 \times 8.0 + M_B = 0.0$$

$$\rightarrow M_B = 320$$

上記より，つぎのようになる．

反力　$H_B = 0.0\,\mathrm{kN}, \qquad V_B = 40\,\mathrm{kN}, \qquad M_B = 320\,\mathrm{kN \cdot m}$

② 応力計算（図(c)）：梁部材を左側から x の長さだけ切り出して考え，右端 X 点の力の釣り合い条件を作成する．このとき，未知の部材端応力は Q_x，M_x の二つであり，X 方向の力は存在していないので省略し，釣り合い式は Y 方向とモーメントの二つとなる．

(c)

$$\sum F_Y = -40 - Q_x = 0.0 \rightarrow Q_x = -40\,\mathrm{kN}$$

$$\sum M_{X\,点} = -40 \times x - M_x = 0.0 \rightarrow M_x = -40x\,\mathrm{kN \cdot m}$$

部材応力値はつぎのようになる．

$$x = 0.0\,\mathrm{m}\ 点 : Q_x = -40\,\mathrm{kN}, \qquad M_x = 0.0\,\mathrm{kN \cdot m}$$

$$x = 4.0\,\mathrm{m}\ 点 : Q_x = -40\,\mathrm{kN}, \qquad M_x = -160\,\mathrm{kN \cdot m}$$

$$x = 8.0\,\mathrm{m}\ 点 : Q_x = -40\,\mathrm{kN}, \qquad M_x = -320\,\mathrm{kN \cdot m}$$

③ 応力図：応力図は，図(d)のように表現される．

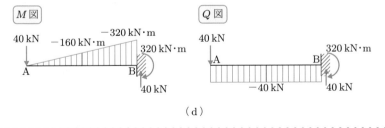

(d)

切断面の符号の取り方と部材応力の符号を理解するために，前例と同じ問題を取り上げ，左右を逆にして解いてみる．

例題 4.2　集中荷重を受ける片持梁（例題 4.1 の逆向き問題）

図(a)の片持梁の反力と応力図（M図, Q図）を求めよ.

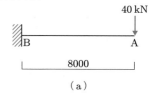

（a）

解答 ・・

① 反力の計算（図(b)）

$$\sum F_X = H_B = 0.0 \rightarrow H_B = 0.0$$

$$\sum F_Y = -40 + V_B = 0.0 \rightarrow V_B = 40$$

$$\sum M_{B \text{点}} = 40 \times 8.0 + M_B = 0.0$$

$$\rightarrow M_B = -320$$

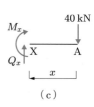

（b）

反力　$H_B = 0.0\,\text{kN}$,　　$V_B = 40\,\text{kN}$,　　$M_B = -320\,\text{kN·m}$

② 応力計算（図(c)）：x は右からの距離を用いる.

$$\sum F_Y = -40 + Q_x = 0.0 \rightarrow Q_x = 40\,\text{kN}$$

$$\sum M_{X \text{点}} = 40 \times x + M_x = 0.0 \rightarrow M_x = -40x\,\text{kN·m}$$

（c）

③ 応力図：応力図は, 図(d)のように表現される.

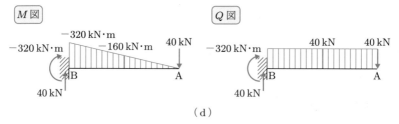

（d）

　例題 4.1 と例題 4.2 の応力図を比較すると, モーメント図は下端引張が正であり, この片持梁は上端が引張られるので, 曲げモーメントの符号は同じ負の値になり, 同じような応力図となる.

　一方, せん断力は時計まわりの力を正としているので, 見かけの部材応力の向きが逆になり正負が逆転する. すなわち, せん断力については, 同じ部材応力であっても, 見る方向の違いにより符号が逆転する.

・・

例題 4.3 　二つの集中荷重を受ける片持梁

　図 (a) の片持梁の反力と応力図（M 図，Q 図）を求めよ.

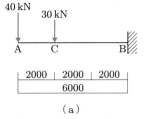

（a）

解答 ●

① 　反力の計算（図 (b)）

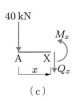

$$\sum F_X = H_B = 0.0 \rightarrow H_B = 0.0$$

$$\sum F_Y = -40 - 30 + V_B = 0.0$$

$$\rightarrow V_B = 70$$

$$\sum M_{B\,点} = -40 \times 6.0 - 30 \times 4.0 + M_B$$

$$= 0.0 \rightarrow M_B = 360$$

　反力　$H_B = 0.0\,\text{kN},\quad V_B = 70\,\text{kN},\quad M_B = 360\,\text{kN·m}$

（b）

② 　応力の計算

（AC 間）（図 (c)）

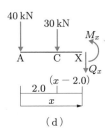

$$\sum F_Y = -40 - Q_x = 0.0 \rightarrow Q_x = -40\,\text{kN}$$

$$\sum M_{X\,点} = -40 \times x - M_x = 0.0$$

$$\rightarrow M_x = -40x\,\text{kN·m}$$

（c）

（CB 間）（図 (d)）

$$\sum F_Y = -40 - 30 - Q_x = 0.0 \rightarrow Q_x = -70\,\text{kN}$$

$$\sum M_{X\,点} = -40 \times x - 30 \times (x - 2.0) - M_x = 0.0$$

$$\rightarrow M_x = -70x + 60\,\text{kN·m}$$

（d）

③ 応力図（図(e)）

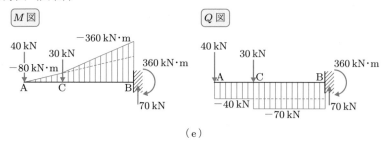

（e）

・・

4.3 分布荷重を受ける場合

図 4.7 のような分布荷重を受ける場合には，分布荷重と等価な集中荷重を求めて，その等価荷重による反力や応力を計算すれば，バリニオンの定理により，求める分布荷重による反力と応力が得られる．

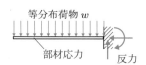

図 4.7 等分布荷重の反力と部材応力

4.3.1 等分布荷重の場合

（1）反力の計算

等価荷重 P_e の大きさは，$P_e = w \times L = wL$，作用位置は重心であり，左から $L/2$ の位置になる．外力と反力は釣り合っているから，釣り合い式(4.1)の関係を用いて，反力（V_B, H_B, M_B）を計算する（図 4.8）．

（2）部材応力の計算

等価荷重 P_x の大きさは，$P_x = w \times x = wx$，作用位置は重心であり左から $x/2$ の位置になる．部材応力は，部材を途中で切断することにより，端部断面力として表現

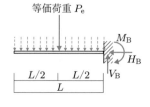

図 4.8 等価荷重と反力

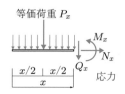

図 4.9 位置 x の応力（右）

する（図 4.9）．そして，釣り合い式(4.1)を用いて，端部から x の位置での部材応力（N_x, M_x, Q_x）の値を定める．

4.3.2 等変分布荷重の場合

図 4.10 のような，0 から w_0 まで分布荷重が変化する三角形分布の等変分布荷重の場合を考える．等価荷重 P_e の大きさは，$P_e = w_0 \times L/2 = w_0 L/2$，作用位置は重心であり左から $2L/3$ の位置になる．

等価荷重 P_x の大きさは，$P_x = w_0 \times x/2 = w_0 x/2$，作用位置は重心であり，左から $2x/3$ の位置になる．ほかの計算は等分布の場合と同様である．

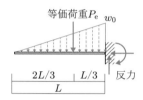

図 4.10　等変分布荷重

参考 積分による応力計算

バリニオンの定理を用いないで，等分布荷重による部材応力を計算するためには，微小部分を考えて積分による．図 4.11 より，微小部分には $w\,dL$ の鉛直荷重が作用するので，この値を積分して釣り合いを考える．

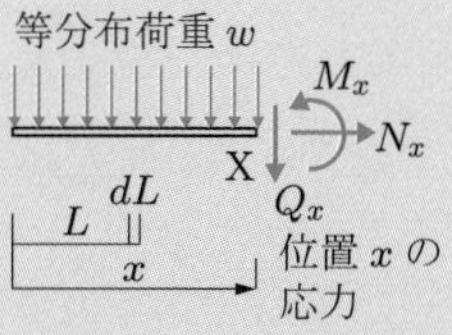

$$\sum F_Y = 0 \quad -\int_0^x w\,dL - Q_x = 0$$

$$Q_x = -w\int_0^x dL = -w\,[L]_0^x = -wx\,\text{kN}$$

$$\sum M_{\text{X 点}} = 0 - \int_0^x w\,dL(x-L) - M_x = 0$$

$$M_x = -w\int_0^x (x-L)\,dL = -w\left[xL - \frac{L^2}{2}\right]_0^x = -\frac{wx^2}{2}\,\text{kN·m}$$

図 4.11

となる．等価荷重を使用すると，

$$Q_x = -P_x = -wx, \qquad M_x = -P_x \times \frac{x}{2} = -\frac{wx^2}{2}$$

であり，同じ値になっている．

4.4 分布荷重を受ける梁の荷重と部材応力の関係

梁に作用する荷重と部材応力（せん断力，曲げモーメント）の基本的な関係を理解しておくことは大切である．梁の荷重，せん断力，曲げモーメントの関係を，直線的な梁部材の場合について検討する．左から距離 x の位置にある分布荷重 w_x，せん断力 Q_x，曲げモーメント M_x が相互に関係している．梁の微小部分を取り出し，釣り合いを考える（図 4.12）．

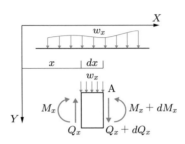

図 4.12　荷重，せん断力，曲げモーメントの関係

① Y 方向の力の釣り合い $\sum F_Y = 0$ から，つぎの関係が導かれる．分布荷重 w_x は，せん断力 Q_x の変化率であることがわかる．

$$-Q_x + w_x dx + (Q_x + dQ_x) = 0$$

$$dQ_x = -w_x dx$$

$$\frac{dQ_x}{dx} = -w_x \tag{4.2}$$

② 曲げモーメントの釣り合いを考えると，右上 A 点まわりのモーメント $M_{A 点} = 0$ から，つぎの関係が導かれる．なお，w_x によるモーメントは，$w_x dx \times (dx/2) = (w_x/2)\,dx^2$ である．

$$M_x + Q_x dx - \frac{w_x}{2} dx^2 - (M_x + dM_x) = 0$$

$(w_x/2)\,dx^2$ は dx が微小のため 0 と見なすと，つぎのようになる．

$$dM_x = Q_x dx \rightarrow \frac{dM_x}{dx} = Q_x \tag{4.3}$$

③ 荷重と応力の関係は，式(4.2)，(4.3)より，つぎのようになる．

$$\frac{d^2 M_x}{dx^2} = \frac{dQ_x}{dx} = -w_x \tag{4.4}$$

④ 等分布荷重 w_x, せん断力 Q_x, 曲げモーメント M_x の関係は, 分布荷重はせ
ん断力の変化率であり, せん断力は曲げモーメントの変化率であることがわか
る. この関係を表 4.1 に示す.

表 4.1 荷重, せん断力, 曲げモーメントの関係

分布荷重	w_x	$w = 0$	一定値 w_o	等変分布 w
せん断力	Q_x	一定値	直線変化	2 次曲線変化
曲げモーメント	M_x	直線変化	2 次曲線変化	3 次曲線変化

ミニ知識 ————————————————————————

　図 4.12 および式(4.2)～(4.4)の関係では, Y 軸を下向き正としている. 一般的には,
X 軸が右向きに正をとる場合には, Y 軸は上向きに正をとるが, 曲げモーメントとせん
断力の符号を常用している値にするために, この方向を採用している.

　このように, Y 軸の向きは章により異なることがあるので注意してほしい. しかし,
符号の約束上の問題であり, 計算結果などには影響しない.

参考 せん断力と曲げモーメントの関係

　一般的な荷重の場合について, せん断力 Q と曲げモーメント M の関係を図示すると,
以下のようになる. 曲げモーメントとせん断力が, 密接な関係をもっていることがわか
る. 以下の関係が満足されない M 図と Q 図は, 少なくともそのどちらかが間違ってい
る. この図の関係が感覚的に理解できるようになると, 力学問題が容易に解ける.
(1)　荷重がない場合

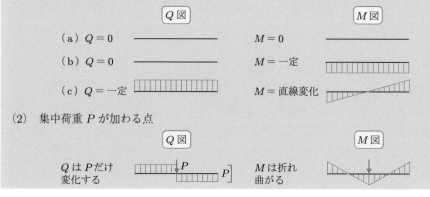

(2)　集中荷重 P が加わる点

(3) 等分布荷重が加わる部分

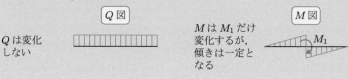

Q は直線変化する

Q 図

M は2次曲線的に変化する

M 図

(4) 曲げモーメントの最大値

　　曲げモーメントの最大値は，M 図の接線が 0 になるところに生じる．このため，最大曲げモーメントの位置では，$dM/dx = Q = 0$ となる．逆にいえば，せん断力 $Q = 0$ の点で必ず最大または最小曲げモーメントが生じる．

(5) モーメント外力 M_1 が加わる点

Q 図

Q は変化しない

M は M_1 だけ変化するが，傾きは一定となる

M 図

4.5　分布荷重を受ける片持梁の応力

　分布荷重を受ける場合には，曲げモーメントが曲線的に変化することになり，2次曲線または3次曲線となる．分布荷重に対しては，等価な集中荷重を用いると計算が容易である．

例題 4.4　等分布荷重を受ける片持梁

　図(a)の片持梁の反力と応力図（M 図，Q 図）を求めよ．

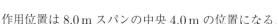

10 kN/m

A　　　　　　B

8000

（a）

解答

　等分布荷重の重心に作用する等価荷重を算定して，等価荷重に対して反力や部材応力を算定すると便利である．

① 反力の計算（図(b)）

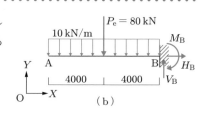

$P_e = 80$ kN

10 kN/m

M_B

Y　A　　　　　B　H_B

4000　　4000　V_B

O　X　　（b）

　　　等価荷重　$P_e = 10 \times 8.0 = 80$ kN

作用位置は 8.0 m スパンの中央 4.0 m の位置になる．

$$\sum F_X = H_B = 0.0 \rightarrow H_B = 0.0$$

$$\sum F_Y = -10 \times 8.0 + V_B = 0.0 \rightarrow V_B = 80$$

$$\sum M_{B\,点} = (-10 \times 8.0) \times \left(\frac{1}{2} \times 8.0\right) + M_B = 0.0 \rightarrow M_B = 320$$

反力　$H_B = 0.0\,\mathrm{kN}$,　　$V_B = 80\,\mathrm{kN}$,　　$M_B = 320\,\mathrm{kN \cdot m}$

② 応力の計算（図(c)）

　　等価荷重　$P_x = 10x\,\mathrm{kN}$

作用位置は，$x/2$ の位置である．

$$\sum F_Y = -10 \times x - Q_x = 0.0 \rightarrow Q_x = -10x\,\mathrm{kN} \qquad (c)$$

$$\sum M_{X\,点} = -10 \times x \times \frac{x}{2} - M_x = 0.0 \rightarrow M_x = -5x^2\,\mathrm{kN \cdot m}\ （2次曲線）$$

③ 応力図（図(d)）

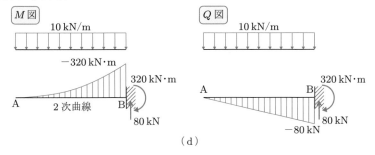

（d）

- -

例題 4.5　等変分布荷重を受ける片持梁

図(a)の片持梁の反力と応力図（M図，Q図）を求めよ．

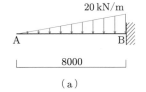

（a）

解答 ・・・

① 反力の計算（図(b)）：等価荷重 $P_e = 20 \times 8.0/2 = 80\,\mathrm{kN}$ であり，作用位置は三角形の重心で，右から $1/3$ の位置になる．

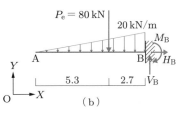

$$\sum F_X = H_B = 0.0 \rightarrow H_B = 0.0$$

$$\sum F_Y = -80 + V_B = 0.0 \rightarrow V_B = 80$$

$$\sum M_{B\,点} = -80 \times 2.7 + M_B = 0.0 \rightarrow M_B = 216$$

反力 $\quad H_{\mathrm{B}} = 0.0\,\mathrm{kN}, \qquad V_{\mathrm{B}} = 80\,\mathrm{kN}, \qquad M_{\mathrm{B}} = 216\,\mathrm{kN \cdot m}$

② 応力の計算（図(c)）：等価荷重 $P_x = x(2.5x)/2 = 1.25x^2$ であり，作用位置は右から $x/3$ の位置になる.

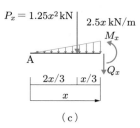

$$\sum F_Y = -1.25x^2 - Q_x = 0.0$$

$$\rightarrow Q_x = -1.25x^2\,\mathrm{kN} \text{（2次曲線）}$$

$$\sum M_{\mathrm{X\,点}} = -1.25x^2 \times \frac{x}{3} - M_x = 0.0$$

$$\rightarrow M_x = -0.42x^3\,\mathrm{kN \cdot m} \text{（3次曲線）}$$

（c）

③ 応力図（図(d)）

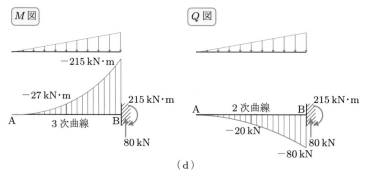

（d）

4.6 モーメント荷重を受ける片持梁

モーメント荷重を受ける場合には，鉛直，水平方向荷重が存在しないので，通常とは異なる部材応力分布となる.

例題 4.6 モーメント荷重を受ける片持梁
図(a)の片持梁の反力と応力図（M 図, Q 図）を求めよ.

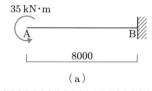

（a）

解答

① 反力の計算（図(b)）

$$\sum F_X = H_{\mathrm{B}} = 0.0 \rightarrow H_{\mathrm{B}} = 0.0$$

$$\sum F_Y = V_{\mathrm{B}} = 0.0 \rightarrow V_{\mathrm{B}} = 0.0$$

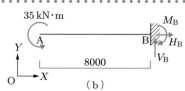

（b）

$$\sum M_{\text{B 点}} = -35 + M_B = 0.0 \rightarrow M_B = 35$$

反力　$H_B = 0.0\,\text{kN}$,　　$V_B = 0.0\,\text{kN}$,　　$M_B = 35\,\text{kN·m}$

② 応力の計算（図(c)）

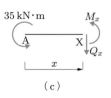

$$\sum F_Y = -Q_x = 0.0 \rightarrow Q_x = 0.0\,\text{kN}$$

（曲げモーメントが一定であり，せん断力は 0）

$$\sum M_{\text{X 点}} = -35 - M_x = 0.0 \rightarrow M_x = -35\,\text{kN·m}$$

（x に関係なく一定値）

（c）

③ 応力図（図(d)）

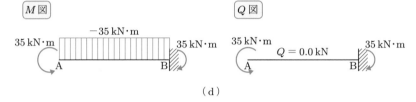

（d）

∙ ∙

演習問題

4.1 ［集中荷重を受ける片持梁］問図 4.1 の片持梁の反力，C
　　点と D 点での部材応力，応力図（M 図，Q 図）を求めよ．

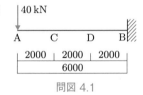

問図 4.1

4.2 ［集中荷重を受ける片持梁］問図 4.2 の片持梁の反力と応
　　力図（M 図，Q 図）を求めよ．

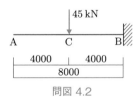

問図 4.2

4.3 ［集中荷重を受ける片持梁］問図 4.3 に示すように，A 点における反力がわかっているとき，この片持梁に作用している外力 P_1，P_2 と応力図（M 図，Q 図）を求めよ．

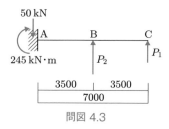

問図 4.3

4.4 ［集中荷重を受ける片持梁］問図 4.4 の片持梁の反力と応力図（M 図，Q 図）を求めよ．

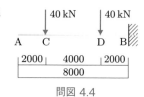

問図 4.4

4.5 ［集中荷重を受ける片持梁］問図 4.5 の片持梁の反力と応力図（M 図，Q 図）を求めよ．

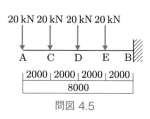

問図 4.5

4.6 ［等分布荷重を受ける片持梁］問図 4.6 の片持梁の反力と応力図（M 図，Q 図）を求めよ．

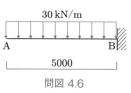

問図 4.6

4.7 ［二つの荷重を受ける片持梁］問図 4.7 の片持梁の反力と応力図（M 図，Q 図）を求めよ．

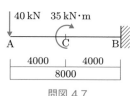

問図 4.7

第5章 | 単純梁

　単純梁は，最も基本的な静定梁である．一端ピン支持（A点）・他端ローラー支持（B点）の部材であり，鉛直荷重は左右の支点に分かれて負担される．

　支点反力としては，水平方向反力 H_A，鉛直方向反力（V_A と V_B）の3種類が存在する．部材応力としては，軸方向力 N，曲げモーメント M，せん断力 Q の3種類がある．

　作用外力が鉛直荷重のみのときには，水平方向反力 H_A は0となり，部材応力としても軸方向力 N が0となり，曲げモーメント M とせん断力 Q のみとなる．

　建築構造物において，実際にピン支持やローラー支持が採用されることは少ないが，一端をピン支持，他端をローラー支持と見なすと，応力計算が簡単かつ安全側となることから，単純梁と見なして設計することが行われている．

埼玉・所沢〈所沢航空発祥記念館〉
円形アーチ梁とガラス繊維膜屋根

5.1 集中荷重を受ける単純梁

図 5.1 のような集中荷重を受ける場合を計算する．基本的には片持梁と同じ計算方法を用いるが，左端と右端の反力を考慮しなければならないことが異なる．

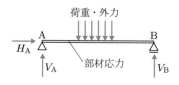

図 5.1 単純梁

例題 5.1 集中荷重を受ける単純梁（1）

図(a)の単純梁の反力と応力図（M 図，Q 図）を求めよ．

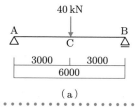

（a）

解答

① 反力の計算（図(b)）

$$\sum F_X = H_A = 0.0 \rightarrow H_A = 0.0$$

$$\sum F_Y = V_A - 40 + V_B = 0.0$$

$$\rightarrow V_A + V_B = 40$$

$$\sum M_{A\,点} = 40 \times 3.0 - V_B \times 6.0 = 0.0$$

$$\rightarrow V_B = 20$$

反力　$H_A = 0.0\,\text{kN}$,　　$V_A = 20\,\text{kN}$,　　$V_B = 20\,\text{kN}$

40 kN の鉛直力が左右に均等に分かれて支持されている．

② 応力の計算

（AC 間）（図(c)）

$$\sum F_Y = V_A - Q_x = 0.0 \rightarrow Q_x = 20\,\text{kN}$$

$$\sum M_{X\,点} = V_A \times x - M_x = 0.0 \rightarrow M_x = 20x\,\text{kN·m}$$

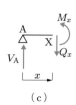

（c）

（CB 間）（図(d)）

$$\sum F_Y = V_A - 40 - Q_x = 0.0 \to Q_x = -20\,\text{kN}$$

$$\sum_{\text{X 点}} M = V_A \times x - 40(x - 3.0) - M_x$$

$$= 0.0 \to M_x = -20x + 120\,\text{kN·m}$$

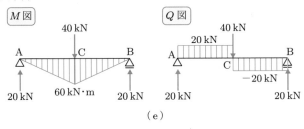

（d）

③ 応力図（図(e)）

M 図　　　　　Q 図

（e）

例題 5.2　集中荷重を受ける単純梁（2）

図(a)の単純梁の反力と応力図（M 図，Q 図）を求めよ．

（a）

解答

① 反力の計算（図(b)）

$$\sum F_X = H_A = 0.0 \to H_A = 0.0$$

$$\sum F_Y = V_A - 40 - 40 + V_B = 0.0$$

$$\to V_A + V_B = 80$$

$$\sum_{\text{A 点}} M = 40 \times 2.0 + 40 \times 5.0 - V_B \times 8.0$$

$$= 0.0 \to V_B = 35$$

反力　$H_A = 0.0\,\text{kN}$，　　$V_A = 45\,\text{kN}$，　　$V_B = 35\,\text{kN}$

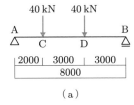

（b）

② 応力の計算：外力が作用している点を区切りとして釣り合い式が変化するので，3 区間に分けて部材応力を算定する．C 点と D 点では部材応力が連続している（同じ値となる）ことを確認する．DB 間は，右から計算するほうが簡単である．

（AC 間）（図(c)）

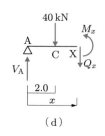

$$\sum F_Y = V_A - Q_x = 0.0 \rightarrow Q_x = 45\,\mathrm{kN}$$

$$\sum M_{X\,点} = V_A \times x - M_x = 0.0 \rightarrow M_x = 45x\,\mathrm{kN\cdot m}$$

（c）

（CD 間）（図(d)）

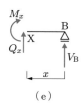

$$\sum F_Y = V_A - 40 - Q_x = 0.0 \rightarrow Q_x = 5\,\mathrm{kN}$$

$$\sum M_{X\,点} = V_A \times x - 40 \times (x - 2.0) - M_x = 0.0$$

$$\rightarrow M_x = 5x + 80\,\mathrm{kN\cdot m}$$

（d）

（DB 間）（図(e)）：右から計算するので，x は右からとる（左から計算するより，外力項がないので簡単になる）．

$$\sum F_Y = V_B + Q_x = 0.0 \rightarrow Q_x = -35\,\mathrm{kN}$$

$$\sum M_{X\,点} = -V_B \times x + M_x = 0.0$$

$$\rightarrow M_x = 35x\,\mathrm{kN\cdot m}$$

（e）

③　応力図（図(f)）

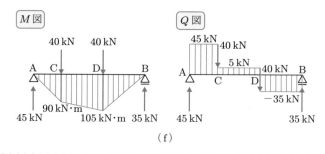

（f）

5.2　分布荷重を受ける単純梁

　分布荷重を受ける場合も，片持梁と同じ手法で計算する．分布荷重は，バリニオンの定理により等価な集中荷重に置き換えると便利である．

例題 5.3 等分布荷重を受ける単純梁

図(a)の単純梁の反力と応力図（M 図，Q 図）を求めよ．

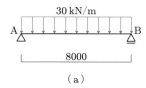

（a）

解答

等価荷重　$P_e = 30 \times 8.0 = 240\,\text{kN}$

① 反力の計算（図(b)）

$$\sum F_X = H_A = 0.0 \rightarrow H_A = 0.0$$

$$\sum F_Y = V_A - 240 + V_B = 0.0$$

$$\rightarrow V_A + V_B = 240$$

$$\sum M_{A\,点} = 240 \times 4.0 - V_B \times 8.0 = 0.0$$

$$\rightarrow V_B = 120$$

反力　$H_A = 0.0\,\text{kN}, \quad V_A = 120\,\text{kN}, \quad V_B = 120\,\text{kN}$

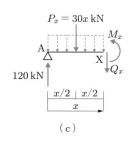

（b）

この場合，対称であるから左右の鉛直反力値は等しくなり，$V_A = V_B = P_e/2$ となる．

② 応力の計算（図(c)）

等価荷重　$P_x = 30x\,\text{kN}$

$$\sum F_Y = V_A - 30x - Q_x = 0.0$$

$$\rightarrow Q_x = -30x + 120\,\text{kN}$$

$$\sum M_{X\,点} = -30x \times \frac{x}{2} + 120 \times x - M_x = 0.0$$

$$\rightarrow M_x = -15x^2 + 120x\,\text{kN·m}\ (2\,次曲線)$$

（c）

③ 応力図（図(d)）：最大 M_{max} は，$Q = 0$ となる中央で生じる．

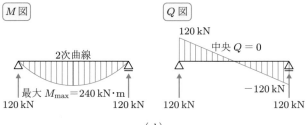

（d）

例題 5.4 部分分布荷重を受ける単純梁

図(a)の単純梁の反力と応力図（M 図, Q 図）を求めよ.

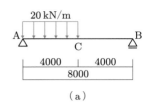

（a）

解答 ••

等価荷重 $P_e = 20 \times 4.0 = 80\,\text{kN}$

① 反力の計算（図(b)）

$$\sum F_X = H_A = 0.0 \rightarrow H_A = 0.0$$

$$\sum F_Y = V_A - 20 \times 4.0 + V_B = 0.0$$

$$\rightarrow V_A + V_B = 80$$

$$\sum M_{A\,\text{点}} = 80 \times 2.0 - V_B \times 8.0 = 0.0$$

$$\rightarrow V_B = 20$$

反力 $H_A = 0.0\,\text{kN},\quad V_A = 60\,\text{kN},\quad V_B = 20\,\text{kN}$

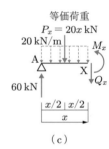

（b）

② 応力の計算

（AC 間）（図(c)）

$$\sum F_Y = V_A - 20x - Q_x = 0.0$$

$$\rightarrow Q_x = -20x + 60\,\text{kN}$$

$$\sum M_{X\,\text{点}} = -20x \times \frac{x}{2} + 60 \times x - M_x = 0.0$$

$$\rightarrow M_x = -10x^2 + 60x\,\text{kN·m}\ (2\,\text{次曲線})$$

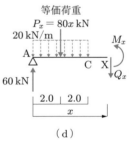

（c）

（CB 間）（図(d)）

$$\sum F_Y = V_A - 80 - Q_x = 0.0$$

$$\rightarrow Q_x = -20\,\text{kN}$$

$$\sum M_{X\,\text{点}} = -80 \times (x - 2.0) + 60 \times x - M_x$$

$$= 0.0$$

$$\rightarrow M_x = -20x + 160\,\text{kN·m}$$

（d）

③ 応力図（図(e)）：最大 $M_{\max}$ は, $Q = 0$ となる $x = 3.0\,\text{m}$ で生じる.

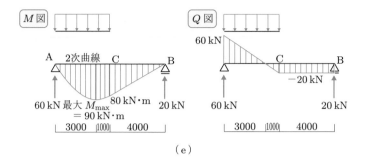

（e）

例題 5.5 等変分布荷重を受ける単純梁

図(a)の単純梁の反力と応力図（M 図, Q 図）を求めよ.

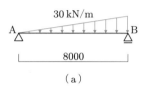

（a）

解答 ••

① 反力の計算（図(b)）

$$\text{等価荷重} \quad P_e = \frac{30 \times 8.0}{2} = 120\,\text{kN}$$

$$\sum F_X = H_A = 0.0 \rightarrow H_A = 0.0$$

$$\sum F_Y = V_A - 120 + V_B = 0.0$$

$$\rightarrow V_A + V_B = 120$$

$$\sum M_{A\,点} = 120 \times 8.0 \times \frac{2}{3} - V_B \times 8.0 = 0.0 \rightarrow V_B = 80$$

反力 $H_A = 0.0\,\text{kN}, \quad V_A = 40\,\text{kN}, \quad V_B = 80\,\text{kN}$

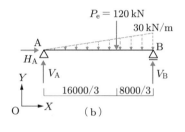

（b）

② 応力の計算（図(c)）

$$\text{等価荷重} \quad P_e = \left(\frac{30x}{8}\right)\frac{x}{2} = \frac{15x^2}{8}\,\text{kN}$$

$$\sum F_Y = V_A - \frac{15x^2}{8} - Q_x = 0.0$$

$$\rightarrow Q_x = -\frac{15x^2}{8} + 40\,\text{kN （2 次曲線）}$$

$$\sum M_{X\,点} = -\frac{15x^2}{8} \times \frac{x}{3} + 40 \times x - M_x = 0.0$$

$$\rightarrow M_x = -\frac{5x^3}{8} + 40x\,\text{kN·m （3 次曲線）}$$

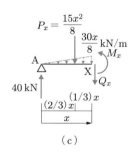

（c）

$Q_x = 0$ となるのは $x = 4.62\,\text{m}$ で，そのときの $M_x = 123\,\text{kN·m}$ が最大モーメントとなる．

③ 応力図（図(d)）

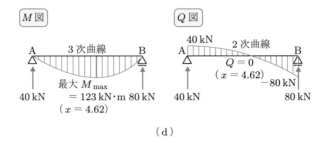

（d）

・・

5.3 そのほかの荷重を受ける単純梁

モーメント荷重や斜め荷重のような特殊な荷重を受ける場合の応力を検討する．あまり一般的な荷重ではないが，どのような部材応力を生じるかを検討することにより，静定構造物の応力を理解する助けになる．

例題 5.6 モーメント外力を受ける単純梁

図(a)の単純梁の反力と応力図（M 図，Q 図）を求めよ．

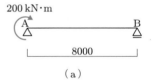

（a）

解答 ・・・

① 反力の計算（図(b)）

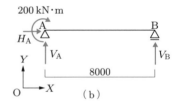

$$\sum F_X = H_A = 0.0 \rightarrow H_A = 0.0$$

$$\sum F_Y = V_A + V_B = 0.0$$

$$\rightarrow V_A + V_B = 0.0$$

$$\sum M_{A\,点} = 200 - V_B \times 8.0 = 0.0 \rightarrow V_B = 25$$

反力　$H_A = 0.0\,\text{kN},\qquad V_A = -25\,\text{kN},\qquad V_B = 25\,\text{kN}$

鉛直方向の外力がないので，V_A と V_B は逆符号となり，鉛直反力の合計値は 0 となることに注意する．

② 部材応力の計算（図(c)）

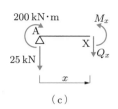

$$\sum F_Y = V_A - Q_x = 0.0 \rightarrow Q_x = -25\,\text{kN}$$

$$\sum M_{\text{X 点}} = 200 - 25 \times x - M_x = 0.0$$

$$\rightarrow M_x = -25x + 200\,\text{kN·m}$$

（c）

③ 応力図（図(d)）

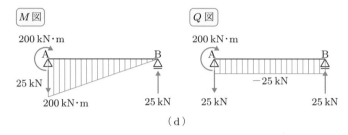

（d）

・・

例題 5.7 斜め荷重を受ける単純梁

図(a)の単純梁の反力と応力図（M 図, Q 図, N 図）を求めよ．

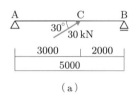

（a）

解答 ・・

① 反力の計算（図(b)）：外力を鉛直，水平方向に分解して考える．鉛直分力 $= 30\sin 30° = 15\,\text{kN}$，水平分力 $= 30\cos 30° = 26\,\text{kN}$ となる．水平力が作用しているので，水平反力 H_A が存在する．

$$\sum F_X = H_A + 26 = 0.0 \rightarrow H_A = -26$$

$$\sum F_Y = V_A + V_B + 15 = 0.0 \rightarrow V_A + V_B = -15$$

$$\sum M_{\text{A 点}} = -15 + 3.0 - V_B \times 5.0 = 0.0 \rightarrow V_B = -9$$

反力 $H_A = -26\,\text{kN}, \quad V_A = -6\,\text{kN}, \quad V_B = -9\,\text{kN}$

② 応力の計算

（AC 間）（図(c)）

$$\sum F_X = -26 + N_x = 0.0 \rightarrow N_x = 26\,\mathrm{kN}$$

$$\sum F_Y = -6 - Q_x = 0.0 \rightarrow Q_x = -6\,\mathrm{kN}$$

$$\sum M_{\mathrm{X\,点}} = -M_x - 6 \times x = 0.0$$

$$\rightarrow M_x = -6x\,\mathrm{kN\cdot m}$$

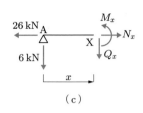

（c）

（CB 間）（図(d)）

$$\sum F_X = -26 + N_x + 26 = 0.0$$

$$\rightarrow N_x = 0.0\,\mathrm{kN}$$

$$\sum F_Y = -6 + 15 - Q_x = 0.0$$

$$\rightarrow Q_x = 9\,\mathrm{kN}$$

$$\sum M_{\mathrm{X\,点}} = -6 \times x + 15 \times (x - 3.0) - M_x = 0.0$$

$$\rightarrow M_x = 9x - 45\,\mathrm{kN\cdot m}$$

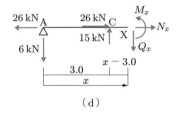

（d）

③ 応力図（図(e)）：軸方向力が存在し，N 図が必要となる．

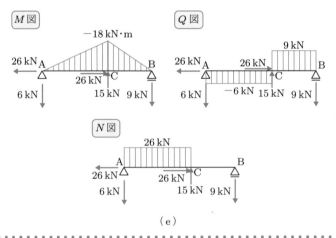

（e）

5.4　集中荷重と等分布荷重の比較

　荷重と部材応力の関係を理解するために，集中荷重と等分布荷重の比較を行い，表 5.1 に示す．両者の荷重合計値は 120 kN となるようにしてあり，集中荷重は n 分

表 5.1　参考：集中荷重から分布荷重への変化（荷重合計値はすべて 120 kN，合力は中央点）

	荷重	M 図	Q 図
① 集中荷重	120 kN ↑60 kN　60 kN↑ 6000　6000	360 kN·m	60 kN −60 kN
② 集中2点荷重	60 kN　60 kN ↑60 kN　60 kN↑ 3000|3000|3000|3000	180 kN·m	60 kN −60 kN
③ 集中3点荷重	40 kN　40 kN　40 kN ↑60 kN　60 kN↑ 2000 〃|〃|〃|〃|〃|〃	120 kN·m　120 kN·m 200 kN·m	60 kN 20 kN −20 kN −60 kN
④ 集中4点荷重	30 kN 30 kN 30 kN 30 kN ↑60 kN　60 kN↑ 1500 〃|〃|〃|〃|〃	90 kN·m　90 kN·m 180 kN·m	60 kN 30 kN −30 kN −60 kN
⑤ 等分布荷重	10 kN/m ↑60 kN　60 kN↑ 12000	180 kN·m	60 kN −60 kN
比較図	[最大曲げモーメント比較] M_{max} 　①/⑤ = 2.0 ②/⑤ = 1.0 ③/⑤ = 1.1 ④/⑤ = 1.0	⑤ ② ③④ ①	③ ④ ⑤ ① ②

割した梁部分の中央に，120/n kN の力を作用させていることに注意する．

　集中荷重の個数が増えると，当然のことではあるが，しだいに等分布荷重に近づいていくことがわかる．また，最大モーメントの値は，等分布荷重と $n = 2 \sim 4$ の場合の集中荷重とは，10% 程度の差異しか生じていない．等分布荷重時の公式を思い出せなくても，近似的には 2〜4 個の集中荷重に置き換えて計算することができる．

　単純梁の応力は 2 次曲線となることが多いので，その作図法を参考として示した．

参考 2 次曲線モーメントの作図

　等分布荷重を受ける単純梁の曲げモーメントは，2 次曲線となる．これの作図方法を以下に示す．

● 方法 1：幾何学的方法

　スパンと中央の最大曲げモーメントを n 分割し，図 5.2 に示すように中央点と端部の分割点を結ぶ．スパン方向の (i/n) 分割線と，斜めの (i/n) 分割線の交点をマーク（図中の白丸印）していき，これを結ぶと 2 次曲線が得られる．なお，図示しているのは，$n = 4$ の場合である．

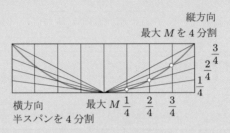

図 5.2　幾何学的方法

● 方法 2：力学的方法

　図 5.3 の等分布荷重 w が作用しているとき，中央の最大曲げモーメントは，$wL^2/8$ になる．反力 $wL/2$ よりつくられる曲げモーメントは，三角形状となり中央では $wL^2/4$ である．この関係を利用すると，反力値に $L/2$ を掛けた曲げモーメントを作図し，その半分を中央曲げモーメントとする．

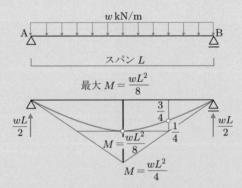

図 5.3　力学的作図方法

　さらに，スパンの 1/4 点では縦の長さの 1/4 点をとりマークする．中央点〜1/4 点〜端部を結ぶと 2 次曲線が得られる．このとき，端部の曲げモーメントは三角形に内接するように，中央曲げモーメントは水平線に接するように描く．

演習問題

5.1　[集中荷重を受ける単純梁1] 問図 5.1 の単純梁の反力と応力図（M 図, Q 図）を求めよ.

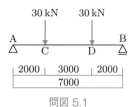

問図 5.1

5.2　[集中荷重を受ける単純梁2] 問図 5.2 の単純梁の反力と応力図（M 図, Q 図）を求めよ.

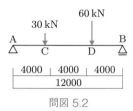

問図 5.2

5.3　[集中荷重を受ける単純梁3] 問図 5.3 の単純梁の反力と応力図（M 図, Q 図）を求めよ.

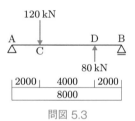

問図 5.3

5.4　[集中荷重を受ける単純梁4] 問図 5.4 の単純梁の反力と応力図（M 図, Q 図）を求めよ.

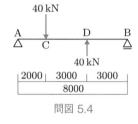

問図 5.4

5.5　[等分布荷重を受ける単純梁] 問図 5.5 の単純梁の反力と応力図（M 図, Q 図）を求めよ.

問図 5.5

5.6　[中央等分布荷重の単純梁] 問図 5.6 の単純梁の反力と応力図（M 図, Q 図）を求めよ.

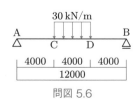

問図 5.6

第6章 | 特殊な静定構造物

　静定構造物として，静定梁と静定ラーメンがある．静定梁の代表的なものは，すでに学んだ片持梁と単純梁であるが，それ以外にも特殊な静定梁がある．取り上げるのは，跳ね出し梁，ヒンジ付き梁，親子梁，特殊な静定梁である．

　鉛直の柱と水平の梁から構成され，柱と梁が剛に接合されているものをラーメン構造という．ラーメン構造は不静定構造であるものが多いが，特殊なものは静定構造物となる．

　静定ラーメンは，門形ラーメンの柱脚部の支持点がピンとローラーからなり，反力数は3で静定構造となる．静定の門形ラーメンは，一種の変形した単純梁とも考えられる．

　3ヒンジ構造は，1スパン構造物の二つの支持点がピンのみで構成され，全体反力数は4であるが，部材中間部にピン節点がある条件を考慮すると静定構造物となる．

東京・日本橋〈Daiwa リバーゲート〉
低層部は住宅，高層部は事務所の高層ビル

6.1　跳ね出し梁

図 6.1 のように単純梁の端部が跳ね出して片持梁状となっているものを，跳ね出し梁という．跳ね出し梁も静定構造物であり，静定梁の一種である．

図 6.1　跳ね出し梁

例題 6.1　跳ね出し梁

図(a)の跳ね出し梁の反力と応力図（M 図，Q 図）を求めよ．

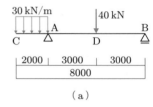

（a）

解答

① 反力の計算（図(b)）

$$\sum F_X = H_A = 0.0 \rightarrow H_A = 0.0$$

$$\sum F_Y = -30 \times 2.0 + V_A - 40 + V_B = 0.0$$

$$\rightarrow V_A + V_B = 100$$

$$\sum M_{A\,点} = -60 \times 1.0 + 40 \times 3.0 - V_B \times 6.0 = 0.0$$

$$\rightarrow V_B = 10$$

反力　$H_A = 0.0\,\mathrm{kN}, \qquad V_A = 90\,\mathrm{kN}, \qquad V_B = 10\,\mathrm{kN}$

② 応力の計算

（CA 間）（図(c)）

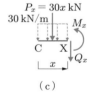

等価荷重　$P_x = 30x\,\mathrm{kN}$

$$\sum F_Y = -30x - Q_x = 0.0 \rightarrow Q_x = -30x\,\mathrm{kN}$$

$$\sum M_{X\,点} = -30x \times \frac{x}{2} - M_x = 0.0 \rightarrow M_x = -15x^2\,\mathrm{kN \cdot m}\ （2 次曲線）$$

（c）

（AD 間）（図(d)）

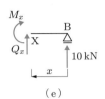

$$\sum F_Y = -30 \times 2.0 + 90 - Q_x = 0.0$$

$$\to Q_x = 30\,\mathrm{kN}$$

$$\sum M_{\mathrm{X}\,点} = -60 \times (x - 1.0) + 90 \times (x - 2.0) - M_x$$

$$= 0.0 \to M_x = 30x - 120\,\mathrm{kN \cdot m}$$

（d）

（BD 間）（図(e)）：x は右端からの距離とする.

$$\sum F_Y = 10 + Q_x = 0.0 \to Q_x = -10\,\mathrm{kN}$$

$$\sum M_{\mathrm{X}\,点} = -10 \times x + M_x = 0.0 \to M_x = 10x\,\mathrm{kN \cdot m}$$

（e）

③ 応力図（図(f)）

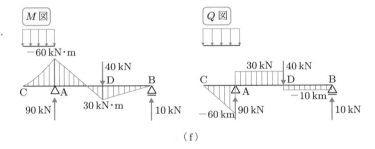

（f）

ヒンジ付き梁

　図 6.2 のように，梁部材の中間（D 点）にヒンジ（ピン節点）がある場合を扱う.
この場合には，三つの支点と四つの反力があり，そのままでは不静定梁となるが，ヒ
ンジ点（D 点）ではモーメントが 0 であるという条件を考慮すると静定梁となる.

　すなわち，通常の三つの釣り合い式に，D 点のモーメントが 0 という関係を加えて
四つの釣り合い式を用いる. その場合，D 点の左側からのモーメント，または右側か
らのモーメントのどちらかを選んで，$M_{\mathrm{D}\,点} = 0$ の式をつくる.

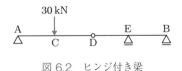

図 6.2　ヒンジ付き梁

例題 6.2　ヒンジ付き梁

図(a)のヒンジ付き梁の反力と応力図（M 図，Q 図）を求めよ．

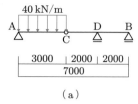

（a）

解答

等価荷重　$P_e = 40 \times 3.0 = 120\,\text{kN}$

① 反力の計算（図(b)）

$$\sum F_X = H_A = 0.0$$

$$\sum F_Y = V_A - 120 + V_B + V_D = 0.0$$

$$\to V_A + V_B + V_D = 120$$

$$\sum M_{A\,点} = 120 \times 1.5 - V_D \times 5.0 - V_B \times 7.0 = 0.0$$

$$\to 7.0V_B + 5.0V_D = 180$$

$$\sum M_{C\,点左} = V_A \times 3.0 - 120 \times 1.5 = 0.0 \to V_A = 60$$

反力　$H_A = 0.0\,\text{kN},\quad V_A = 60\,\text{kN},\quad V_D = 120\,\text{kN},\quad V_B = -60\,\text{kN}$

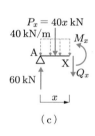

（b）

② 応力の計算

（AC 間）（図(c)）

等価荷重　$P_x = 40x$

$$\sum F_Y = 60 - 40x - Q_x = 0.0$$

$$\to Q_x = -40x + 60\,\text{kN}$$

$$\sum M_{X\,点} = 60 \times x - 40x \times \frac{x}{2} - M_x = 0.0$$

$$\to M_x = -20x^2 + 60x\,\text{kN·m}\ \text{（2 次曲線）}$$

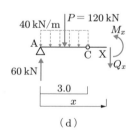

（c）

（CD 間）（図(d)）

$$\sum F_Y = -60 - 120 - Q_x = 0.0$$

$$\to Q_x = -60\,\text{kN}$$

$$\sum M_{X\,点} = -60 \times x - 120 \times (x - 1.5) - M_x$$

$$= 0.0 \to M_x = -60x + 180\,\text{kN·m}$$

（d）

（DB 間）（図(e)）：右から計算する.

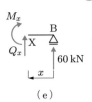

$$\sum F_Y = -60 + Q_x = 0.0 \rightarrow Q_x = 60\,\text{kN}$$

$$\sum M_{\text{X 点}} = 60 \times x + M_x = 0.0 \rightarrow M_x = -60x\,\text{kN·m}$$

（e）

③ 応力図（図(f)）：M 図の AC 間の 2 次曲線は，C 点で 0 になることを確認する.

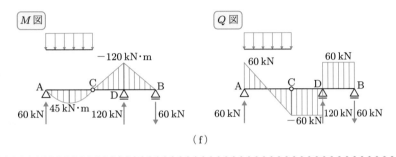

（f）

6.3 親子梁

あまり実例があるわけではないが，図 6.3 のように単純梁の上にもう一つの単純梁が乗った状態ものを親子梁という.下のものを親梁，上のものを子梁という.日本建築の斗組（ますぐみ）は，同図を上下逆にしたものとも考えられる.

図 6.3 親子梁

例題 6.3 親子梁

図(a)の親子梁の反力と応力図（M 図，Q 図）を求めよ.

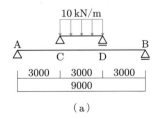

（a）

解答

等価荷重 $P_\text{e} = 10 \times 3.0 = 30\,\text{kN}$

① 反力の計算（図(b)）：全体の釣り合いから解く.

$$\sum F_X = 0.0 \rightarrow H_\text{A} = H_\text{C} = 0.0$$

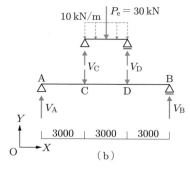

$$\sum F_Y = V_C + V_D - 30 = 0.0$$

$$\rightarrow V_C = V_D = 15 \ (\text{子梁})$$

$$\sum F_Y = V_A + V_B - 30 = 0.0$$

$$\rightarrow V_A = V_B = 15 \ (\text{親梁})$$

反力　$H_A = 0.0\,\text{kN},\qquad H_C = 0.0\,\text{kN}$

$\qquad\quad V_A = 15\,\text{kN},\qquad V_B = 15\,\text{kN}$

$\qquad\quad V_C = 15\,\text{kN},\qquad V_D = 15\,\text{kN}$

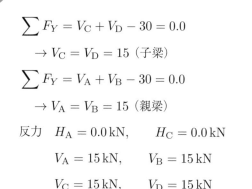

(b)

② 子梁応力の計算（図(c)）：x は子梁端部からの距離とする.

$$Q_x = \frac{wl}{2} - wx = 15 - 10x\,\text{kN}$$

$$M_x = \frac{wl}{2}x - \frac{w}{2}x^2 = -5x^2 + 15x\,\text{kN·m}\ (2\,\text{次曲線})$$

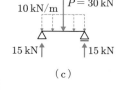

(c)

③ 親梁応力の計算（図(d)）：A〜D 間の x は左からの距離とする.

（AC 間）

$$Q_x = 15\,\text{kN},\qquad M_x = 15x\,\text{kN·m}$$

（CD 間）

$$Q_x = 0.0\,\text{kN},\qquad M_x = 15x - 15(x-3) = 45\,\text{kN·m}$$

（DB 間）

$$Q_x = -15\,\text{kN},\qquad M_x = 15x\,\text{kN·m}\quad (x\text{ は右からの距離})$$

(d)

④ 応力図（図(e)）

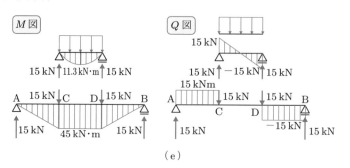

(e)

6.4 特殊な静定梁

単純梁の中間から柱部材が突き出したようなものでも，（単純梁＋片持梁）のような感じで静定梁となるものがある．このような梁は，支点反力を計算した後に，突き出した部分を端部から応力計算し，その反力を静定梁に伝えてやればよい．また，片持梁の先端が折れ曲がったものも同じように静定梁である．これも，片持梁として先端から順次部材応力を計算すればよい．

例題 6.4 特殊な単純梁

図(a)の単純梁の反力と応力図（M図，Q図，N図）を求めよ．

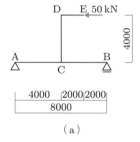

(a)

解答

① 反力の計算（図(b)）

$$\sum F_X = H_A - 50 = 0.0 \rightarrow H_A = 50$$

$$\sum F_Y = V_A + V_B = 0.0 \rightarrow V_A + V_B = 0.0$$

$$\sum M_{A点} = -50 \times 4.0 - V_B \times 8.0 = 0.0$$

$$\rightarrow V_B = -25$$

反力　$H_A = 50\,\text{kN}$，　　$V_A = 25\,\text{kN}$，　　$V_B = -25\,\text{kN}$

(b)

② 応力の計算

(ED間)（図(c)）：E点から距離 x をとる．

$$N_x = -50\,\text{kN}, \qquad Q_x = 0.0\,\text{kN}$$

$$M_x = 0.0\,\text{kN·m}$$

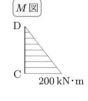

(c)

(DC間)（図(d)）：D点から距離 x をとる．

$$N_x = 0.0\,\text{kN}$$

$$Q_x = -50\,\text{kN}$$

$$M_x = 50x\,\text{kN·m}$$

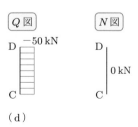

(d)

（AC 間）（図(e)）：A 点から距離 x をとる．

$$N_x = -50\,\text{kN}$$
$$Q_x = 25\,\text{kN}$$
$$M_x = 25x\,\text{kN·m}$$

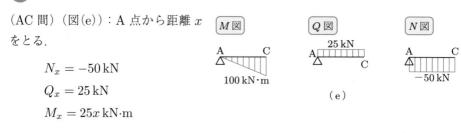

（e）

（CB 間）（図(f)）：B 点から距離 x をとる．

$$N_x = 0.0\,\text{kN}$$
$$Q_x = 25\,\text{kN}$$
$$M_x = -25x\,\text{kN·m}$$

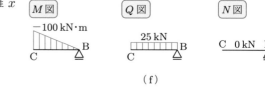

（f）

③　応力図（図(g)）

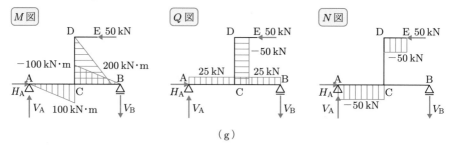

（g）

【注記】C 点でのモーメントの釣り合いは，DC 材で ＋ 200 kN·m（時計まわり），AC 材で － 100 kN·m（反時計まわり），CE 材で － 100 kN·m（反時計まわり）となり，三つのモーメントの和は 0 となっている．

6.5　門形ラーメン構造

図 6.4 のような門形ラーメン構造は，2 本の柱と 1 本の梁からなり，門形（1 層・1 スパン）の構造である．柱脚の支持条件がピンとローラーであれば，単純梁と同様の

図 6.4　門形ラーメン

応力となる．鉛直方向荷重のみで水平方向の荷重がない場合には，梁部分の応力は単純梁と一致する．

例題6.5 門形ラーメン構造

図(a)のラーメンの反力と応力図（M 図，Q 図，N 図）を求めよ．

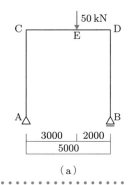

（a）

解答

① 反力の計算（図(b)）

$$\sum F_Y = 0.0 \rightarrow V_A + V_B - 50 = 0.0$$

$$\sum M_{A\text{点}} = 50 \times 3.0 - V_B \times 5.0 = 0.0$$

$$\rightarrow V_B = 30$$

反力 $V_B = 30\,\text{kN}, \qquad V_A = 20\,\text{kN}$

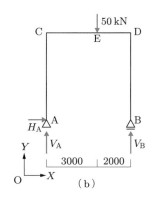

（b）

② 応力の計算：図(c)において，部材端の力を求める．

（AC間）（図(d)）

$$\sum F_Y = V_A + N_x = 0.0$$

$M_x = 0.0\,\text{kN·m}$

$Q_x = 0.0\,\text{kN}$

$N_x = -20\,\text{kN}$

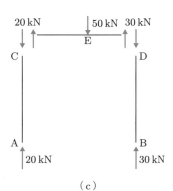

（c）

（CE 間）（図(e)）

$$\sum F_Y = 20.0 - Q_x = 0.0$$

$$M_x = 20x \text{ kN·m}$$

$$Q_x = 20 \text{ kN}$$

$$N_x = 0.0 \text{ kN}$$

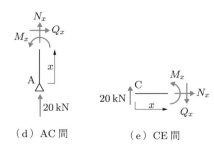

（d）AC 間　　　（e）CE 間

（ED 間）（図(f)）

$$\sum F_Y = 20.0 - Q_x - 50.0 = 0.0$$

$$M_x = -30x + 150 \text{ kN·m}$$

$$Q_x = -30 \text{ kN}$$

$$N_x = 0.0 \text{ kN}$$

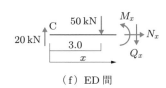

（f）ED 間

（DB 間）（図(g)）

$$\sum F_Y = V_B + N_x = 0.0$$

$$M_x = 0.0 \text{ kN·m}$$

$$Q_x = 0.0 \text{ kN}$$

$$N_x = -30 \text{ kN}$$

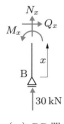

（g）DB 間

③　応力図（図(h)）

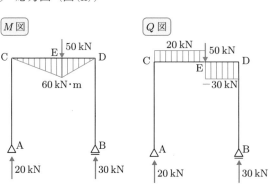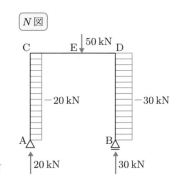

（h）

6.6 3ヒンジ構造

両端でピン支持されている構造は，一般的には不静定構造物であるが，図6.5のように中間にヒンジ（ピン節点）のある場合には静定構造物となる．このように，両端と中間に合計三つのヒンジのある構造物を **3ヒンジ構造** または **3ヒンジアーチ** （three hinged Arch）という．

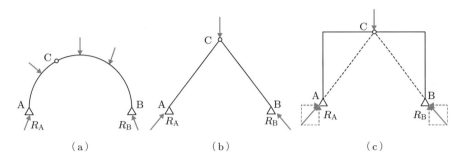

図 6.5 3ヒンジ構造

図に示したように，二つの反力は角度をもっているので，合計4成分の反力がある．これに対して，三つの力の釣り合い式と中間ヒンジ部（C点）のモーメントが0という四つの条件を用いると，力の釣り合いから解が得られる．

ただし，A，B，Cの3点が同一直線上になると，梁の中間にヒンジがある場合と同じになり不安定構造物となる．このことは，図6.5 (b)のC点を水平位置にもってきたことに対応する．

また，図6.5 (c)に示したように，ヒンジ部のみに荷重が作用している場合には，ヒンジ部のモーメントが0の条件から，反力はヒンジ位置を通る方向になる．

例題 6.6　3ヒンジ構造（1）　鉛直荷重

図(a)の3ヒンジ構造の反力と応力図（M図，Q図，N図）を求めよ．

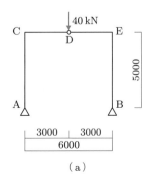

（a）

解答 ••

① 反力の計算（図(b)）

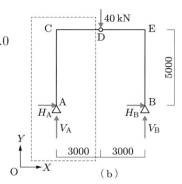

$$\sum F_X = H_A + H_B = 0.0 \rightarrow H_A + H_B = 0.0$$

$$\sum F_Y = V_A + V_B - 40 = 0.0$$

$$\rightarrow V_A + V_B = 40$$

$$\sum M_{A\,点} = 40 \times 3.0 - V_B \times 6.0 = 0.0$$

$$\rightarrow V_B = 20$$

中間ヒンジD点ではモーメントが0であるから，A〜D区間（図(b)の点線範囲）を対象として，$\sum M = 0$の条件をつくる．

$$\sum M_{D\,点左} = -H_A \times 5.0 + V_A \times 3.0 = 0.0 \rightarrow -5.0H_A + 3.0V_A = 0.0$$

反力　$H_A = 12\,\text{kN}, \qquad H_B = -12\,\text{kN}, \qquad V_A = 20\,\text{kN}, \qquad V_B = 20\,\text{kN}$

② 応力の計算（図(c)）：AC間とEB間の部材端力を求めて，そのE端とE端の力の逆向きをCE部材の端部に作用させる．曲げモーメントの符号は図示方向を正としている．

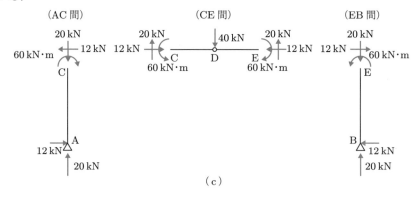

③ 応力図（図(d)）

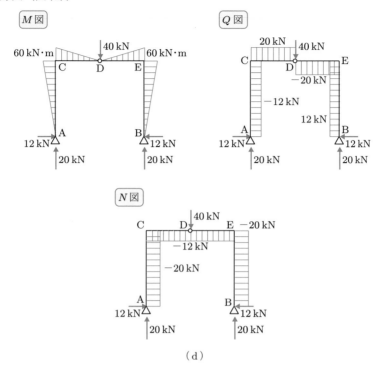

（d）

・・・

例題6.7 3ヒンジ構造（2）水平荷重

図(a)の3ヒンジ構造の反力と応力図（M図，Q 図，N図）を求めよ．

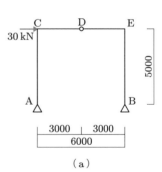

（a）

解答 ●

① 反力の計算（図(b)）

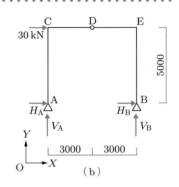

$$\sum F_X = H_A + H_B + 30 = 0.0$$

$$\rightarrow H_A + H_B = -30$$

$$\sum F_Y = V_A + V_B = 0.0$$

$$\rightarrow V_A + V_B = 0.0$$

$$\sum M_{A\,点} = 30 \times 5.0 - V_B \times 6.0 = 0.0$$

$$\rightarrow V_B = 25$$

中間ヒンジ D 点ではモーメントが 0 であるから，A〜D 間を対象として，$\sum M = 0$ の条件をつくる.

$$\sum M_{D\,点左} = -H_A \times 5.0 + V_A \times 3.0 = 0.0$$

$$\rightarrow 5.0 H_A - 3.0 V_A = 0.0$$

反力　$H_A = -15\,\mathrm{kN}$,　　$H_B = -15\,\mathrm{kN}$,　　$V_A = -25\,\mathrm{kN}$,　　$V_B = 25\,\mathrm{kN}$

② 応力の計算（図(c)）

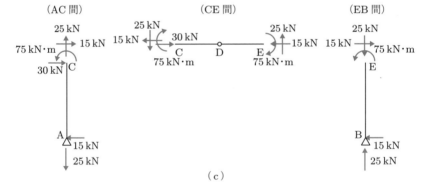

（c）

③　応力図（図(d)）

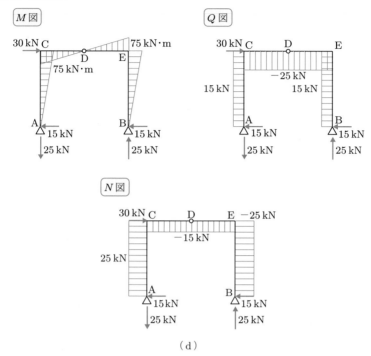

（d）

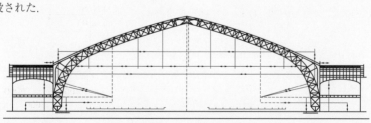

ミニ知識

　静定門形ラーメンは実用になりそうであるが，ローラー支承部が水平移動するので具合が悪い．その点，3ヒンジ構造は両端部がピン支点であり，静定構造物として実用化されている．大規模な実例としては，1889年のパリ万博のパビリオンとして建設された機械館が有名である（図6.6）．ちなみに，エッフェル塔はその万博のシンボルタワーとして建設された．

図6.6　1889年パリ万博　機械館の3ヒンジアーチ
（スパン115m，ライズ43.5m）

演習問題

6.1 ［ヒンジ付き梁］問図 6.1 のヒンジ付き梁の反力と応力図（M 図, Q 図）を求めよ.

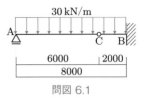

問図 6.1

6.2 ［特殊な片持ち構造］問図 6.2 の特殊な片持ち構造の反力と応力図（M 図, Q 図, N 図）を求めよ.

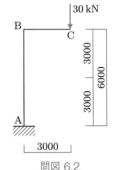

問図 6.2

6.3 ［特殊な片持ち構造］問図 6.3 の特殊な片持ち構造の反力と応力図（M 図, Q 図, N 図）を求めよ.

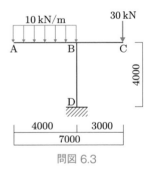

問図 6.3

6.4 ［特殊な片持梁構造］問図 6.4 の特殊な片持梁の反力と応力図（M 図, Q 図, N 図）を求めよ.

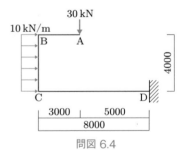

問図 6.4

6.5　[門形ラーメン1] 問図 6.5 の門形ラーメンの反力と
　　応力図（M 図，Q 図）を求めよ．

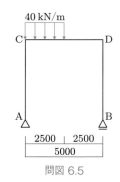

問図 6.5

6.6　[門形ラーメン2] 問図 6.6 の門形ラーメンの反力と
　　応力図（M 図，Q 図，N 図）を求めよ．

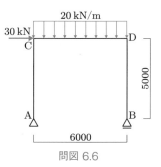

問図 6.6

6.7　[3 ヒンジ構造1] 問図 6.7 の 3 ヒンジ構造の反力と
　　応力図（M 図，Q 図，N 図）を求めよ．

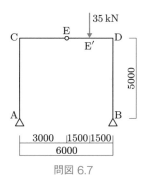

問図 6.7

6.8　[3 ヒンジ構造2] 問図 6.8 の 3 ヒンジ構造の反力と
　　応力図（M 図，Q 図，N 図）を求めよ．

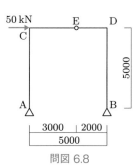

問図 6.8

6.9 ［3 ヒンジ構造 3］問図 6.9 の 3 ヒンジ構造の反力
と応力図（M 図，Q 図，N 図）を求めよ.

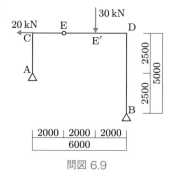

問図 6.9

6.10 ［3 ヒンジ構造 4］問図 6.10 の 3 ヒンジ構造の反力
と応力図（M 図，Q 図，N 図）を求めよ.

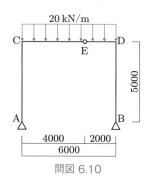

問図 6.10

第7章 | 静定トラス構造

　これまでに学んできた構造物は，梁や柱といった直線状の部材から構成されていた．一方，屋根を支える小屋組構造として発達してきたものに「トラス構造」がある．トラス構造は，部材を三角形状に組み合わせて，節点はピン節点のみと仮定して，部材に軸方向力のみが作用するようにしたものである．トラス構造は，トラスせいを大きくとり，軸方向力しか作用しない部材断面を小さくできるので，経済的な構造となり，大スパン構造に用いられる．

　本章で扱うトラス構造は，静定トラスで各部材が平面内にある平面トラスとする．トラス構造の解法としては，「節点法」，「切断法」，「図式解法」がある．節点法は，各節点での力の釣り合いから部材応力を求めるものであり，すべての節点を順次追いかけていかなければならず煩雑である．切断法は，反力を計算する要領で，求めたい部材応力のみを計算する．図式解法は，数式により計算するのでなく，示力図の考え方を利用して図的に解いて，部材応力を求める方法である．現在では図式解法を使うことは少ないが，力の釣り合いを理解するには有効と考え，紹介する．

典型的な空港連絡通路
鉄骨造の平行弦トラス

7.1 　トラス構造の特徴

7.1.1　トラス構造の性質

トラス構造（truss structure）には，以下のような特徴がある（図 7.1）.

① 部材が三角形状に組み立てられており，力の三角形が形成され釣り合っている.

② 節点は，すべてピン接合である. このピン節点（pin または hinge）は，実際のトラスでは必ずしも完全なピン（曲げモーメントが 0）ではないが，曲げモーメントを無視できるとして簡便なピン節点を仮定するものが多い. この「ピン仮定」は，技術慣行として定着しているが，あくまでも仮定である. ピンと見なせない場合には，剛接トラスとして扱う必要があるので注意する.

③ 部材応力は，軸方向力 N のみを考慮する. すなわち，曲げモーメント M とせん断力 Q は 0 である.

④ 外力は，原則として節点に作用するものとする. 部材の中間に作用する場合の影響は別途に考慮する.

トラス構造のうち静定であるものを静定トラスとよぶ. 静定トラスの代表的なものとしては，平行弦トラス，小屋組トラスがある. また，平行弦トラス各部は図 7.2 に示すように，上下にある水平部材を弦材（cord member），斜め部材を斜材（diagonal member），鉛直部材を束材 （strut）とよぶ.

（a）トラスの基本形状　（b）力の三角形

図 7.1　トラス形状

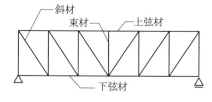

図 7.2　平行弦トラスの各部名称

7.1.2　部材応力と節点に作用する力

トラス部材には，部材応力として軸方向力が生じ，正の場合を引張力 （tension），負の場合を圧縮力 （compression）としている.

図 7.3 のように，部材に生じている部材応力により，節点に力（節点力）が作用するが，この力は部材応力が引張りであれば節点を引張り，圧縮であれば節点を押している. 部材にとって，自分が引張られていれば節点を引張り返しており，自分が圧縮されていれば節点を押し返していると理解すればよい.

引張力 T
$(+)$ → 〇—〇 →← （節点を引張る）

圧縮力 C
$(-)$ → 〇—〇 ←→ （節点を押す）

図 7.3　部材応力と節点力

トラス構造の釣り合いは，この節点力を用いる．節点での力の釣り合いは，節点力を外力，反力と釣り合わせて考える．

7.2　節点法

節点法は，節点における外力，反力，部材応力（節点力）の釣り合いから，部材応力を算定するものである．その手順はつぎのようになる．

① 反力の計算　外力と反力の釣り合い条件 $\sum F_X = 0$，$\sum F_Y = 0$，$\sum M_{任意点} = 0$ から，反力を計算する．

② 部材応力の計算　各節点における釣り合いから，部材応力を算定する．釣り合い式は，部材応力による節点力と外力，反力を用いて，

$$X\text{ 方向力の釣り合い} \sum F_X = 0$$

$$Y\text{ 方向力の釣り合い} \sum F_Y = 0$$

であるので，二つの釣り合い式から二つまでの部材応力（節点力）を算定できる（図 7.4）．

この解法では，一度には二つの部材しか部材応力は求められない．未知の部材応力数が 2 以下となる節点を選んで，順次各節点で釣り合い式を立てて計算を進め，すべての部材応力が計算できたら終了する．逆にいえば，この手法で計算できるトラスが静定トラスである．

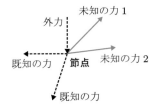

図 7.4　節点での力の釣り合い

例題 7.1 静定トラス（平行弦トラス）

図(a)の平行弦トラスの反力と軸方向力（$N_1 \sim N_9$）を節点法により求めよ.

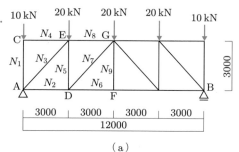

（a）

解答

① 反力の計算（図(b)）

$$H_A = 0.0$$

$$V_A = V_B = \frac{(10 \times 2 + 20 \times 3)}{2}$$

$$= 40 \, (左右対称のため,$$

$$V_A = V_B)$$

反力　$H_A = 0.0 \, \text{kN}$

$$V_A = 40 \, \text{kN}, \qquad V_B = 40 \, \text{kN}$$

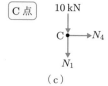

（b）

② 応力の計算

（C 点）（図(c)）

$$\sum F_X = N_4 = 0 \rightarrow N_4 = 0.0 \, \text{kN}$$

$$\sum F_Y = -10 - N_1 = 0 \rightarrow N_1 = -10 \, \text{kN}$$

C 点

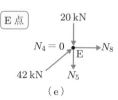

（c）

（A 点）（図(d)）

$$\sum F_X = N_2 + N_3 \cos 45° = 0$$

$$\sum F_Y = -10 + 40 + N_3 \sin 45° = 0 \rightarrow N_3 = -42$$

$$N_2 = 30 \, \text{kN}, \qquad N_3 = -42 \, \text{kN}$$

A 点

（d）

（E 点）（図(e)）

$$\sum F_X = 42.4 \times \cos 45° + N_8 = 0 \rightarrow N_8 = -30 \, \text{kN}$$

$$\sum F_Y = -20 + 42.4 \times \sin 45° - N_5 = 0$$

$$\rightarrow N_5 = 10 \, \text{kN}$$

E 点

（e）

（D 点）（図(f)）

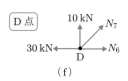

$$\sum F_X = -30 + N_6 + N_7 \cos 45° = 0$$

$$\sum F_Y = N_7 \sin 45° + 10 = 0 \rightarrow N_7 = -14$$

$$N_6 = 40\,\text{kN}, \qquad N_7 = -14\,\text{kN}$$

（F 点）（図(g)）

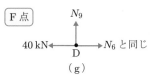

$$\sum F_Y = N_9 = 0 \rightarrow N_9 = 0.0\,\text{kN}$$

③ 応力図（図(h)：N 図）：応力 10 kN の場合を $\boxed{10}$ として，対称のため左半分を表示している．上弦材には圧縮力，下弦材には引張力，斜材には圧縮力が作用している．

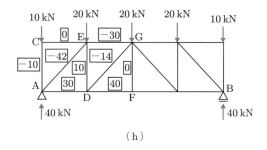

（h）

例題 7.2 山形トラス

図(a)の山形トラスの反力と軸方向力（$N_1 \sim N_7$）を節点法により求めよ．

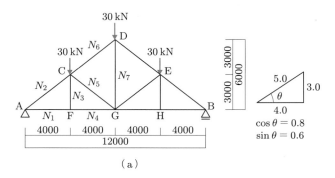

（a）

解答

① 反力の計算（図(b)）

$$\sum F_X = H_A = 0.0 \rightarrow H_A = 0.0$$

$$\sum F_Y = V_A + V_B - 30 \times 3 = 0.0 \rightarrow V_A + V_B - 90 = 0.0$$

$$\sum M_{A\,\text{点}} = -V_B \times 16.0 + 30 \times 12.0 + 30 \times 8.0 + 30 \times 4.0 = 0.0$$

$$\rightarrow V_B = 45$$

反力　$H_A = 0.0\,\text{kN}$,　　$V_A = 45\,\text{kN}$,　　$V_B = 45\,\text{kN}$

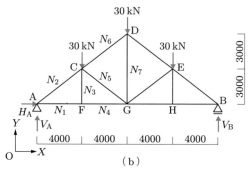

（b）

② 応力の計算

（A 点）（図(c)）

$$\sum F_X = N_1 + N_2 \cos\theta = 0.0 \rightarrow N_1 + 0.8N_2 = 0.0$$

$$\sum F_Y = N_2 \sin\theta + 45 = 0.0 \rightarrow N_2 = -75$$

$$N_1 = 60\,\text{kN}, \qquad N_2 = -75\,\text{kN}$$

（F 点）（図(d)）

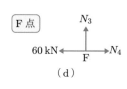

$$\sum F_X = N_4 - 60 = 0.0 \rightarrow N_4 = 60$$

$$\sum F_Y = N_3 = 0.0 \rightarrow N_3 = 0.0$$

$$N_3 = 0.0\,\text{kN}, \qquad N_4 = 60\,\text{kN}$$

（C 点）（図(e)）

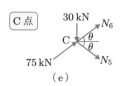

$$\sum F_X = N_5 \cos\theta + N_6 \cos\theta + 75 \cos\theta = 0.0$$

$$\rightarrow N_5 + N_6 + 75 = 0.0$$

$$\sum F_Y = -N_5 \sin\theta + N_6 \sin\theta + 75 \sin\theta - 30 = 0.0$$

$$\rightarrow -N_5 + N_6 + 25 = 0.0$$

$$N_5 = -25\,\text{kN}, \qquad N_6 = -50\,\text{kN}$$

（$N_3 = 0$：図示せず）

（D 点）（図(f)）

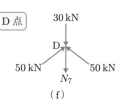

$$\sum F_Y = -N_7 - 30 + 50\sin\theta \times 2 = 0.0$$

$$\rightarrow N_7 = 30\,\text{kN}$$

③ 応力図（図(g)）：対称のため左側部材応力のみを示す.
部材応力の単位は kN である. なお，CF 材は無応力材である.

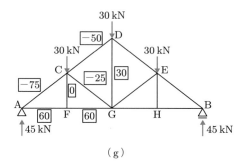

（g）

7.3 切断法

切断法の基本的な考え方は，単純梁の部材応力を切断して求める場合と同様である. 節点法が端から順番に応力を計算していくのに対して，切断法は求めたい部材応力を指定して計算できるのが利点である.

切断位置は，部材応力が切断部に現れればよいので，切断部が直線状であることや節点の近傍であることは必ずしも必要ない. 通常は，図 7.5 のように節点の近傍を直線状に切断するほうが考えやすい.

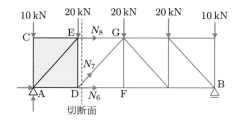

図 7.5 切断法

計算手順はつぎのとおりである.
① 反力の計算（節点法と同じ）
② トラスの切断　　トラスのある部分を切断して，切断面の部材応力を表す.

③　部材応力算定　　切断面の部材応力（節点力）と外力，反力を用い，つぎの
釣り合い式により解く．

釣り合い式　$\sum F_X = 0,$　　　$\sum F_Y = 0,$　　　$\sum M_{任意点} = 0$

図 7.5 の青色部分にあたる部材内部の応力は釣り合っているので，考える必要はな
く，あくまでも切断面に生じる力を対象に釣り合いを考える．

この解法では，釣り合い式が三つであるから，一度に 3 種類の部材応力を求めるこ
とができる．逆にいえば，四つ以上の未知の部材応力が出るような切断はできないの
で，別の切断位置を考える必要がある．

例題 7.3　静定トラス（平行弦トラス）
図(a)の平行弦トラスの反力と軸方
向力（$N_6 \sim N_8$）を切断法により求めよ．

（a）

解答

① 反力の計算：例題 7.1 と同じ．

反力　$H_A = 0.0\,\text{kN},$　　　$V_A = 40\,\text{kN},$　　　$V_B = 40\,\text{kN}$

② 応力の計算（図(b)）：$N_6 \sim N_8$ の応力
を求めるには，D〜E 節点の少し右側を切
断すれば，求めたい部材応力を計算できる．

（b）

$$\sum F_X = N_6 + N_7 \cos 45° + N_8 = 0$$

$$\sum F_Y = 40 - 10 - 20 + N_7 \sin 45°$$
$$= 0 \rightarrow N_7 = -14$$

$$\sum M_{D 点} = 40 \times 3.0 - 10 \times 3.0 + N_8 \times 3.0 = 0 \rightarrow N_8 = -30$$

$N_6 = 40\,\text{kN},$　　　$N_7 = -14\,\text{kN},$　　　$N_8 = -30\,\text{kN}$

③ 応力図（図(c)：N 図）：部材応力 10 kN の場合を $\boxed{10}$ として表示している.

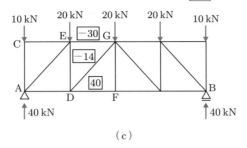

（c）

・・・

例題 7.4　山形トラス

図(a)の山形トラスの反力と軸方向力（$N_4 \sim N_6$）を切断法により求めよ.

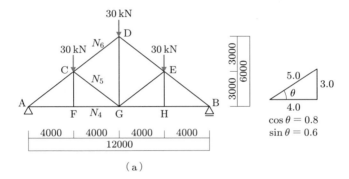

（a）

解答　・・・

① 反力の計算：例題 7.2 と同じ.

$$\text{反力}\quad H_{\text{A}} = 0.0\,\text{kN}, \qquad V_{\text{A}} = 45\,\text{kN}, \qquad V_{\text{B}} = 45\,\text{kN}$$

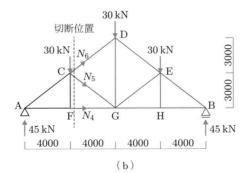

（b）

② 応力の計算（図(b)）：C〜F 点の右側を切断し，左側の外力，反力と釣り合わせる．

$$\sum F_X = N_5 \cos\theta + N_6 \cos\theta + N_4 = 0.0$$
$$\rightarrow 0.8N_5 + 0.8N_6 + N_4 = 0.0$$
$$\sum F_Y = 45 - N_5 \sin\theta + N_6 \sin\theta - 30 = 0.0 \rightarrow -N_5 + N_6 + 25 = 0.0$$
$$\sum M_{\text{C 点}} = 45 \times 4.0 - N_4 \times 3.0 = 0.0 \rightarrow N_4 = 60$$
$$N_4 = 60\,\text{kN}, \qquad N_5 = -25\,\text{kN}, \qquad N_6 = -50\,\text{kN}$$

③ 応力図（図(c)）：部材応力の単位
は kN である．

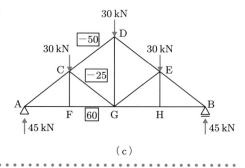

（c）

7.4　図式解法（クレモナ法）

図式解法（クレモナ法）は，節点法の節点釣り合い関係を用いて，図 7.6 のように
示力図を描くことにより図的に解くものである．計算手順はつぎのとおりである．

(1) 反力の計算（節点法と同じ）
(2) トラス図形を描く．部材の角度を正しく求められるように，スケールを合せたトラス形状を正確に作図する．
(3) 外力，反力，部材で区切られた空間に名称をつける．たとえば，①，②，③，④，…や a，b，c，d，…などである．
(4) 各節点について示力図を描く．節点に関係する空間 i〜空間 j にまたがって

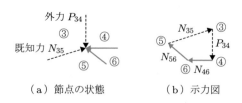

（a）節点の状態　　　（b）示力図

図 7.6　示力図の作成

力（外力，反力，部材応力）があるので，その部分の力を力 N_{ij} としてその値を示力図から求める．節点法と同様に，二つの部材応力が未知の場合（図 7.6 の黒矢印）の節点から求めていく．

順次各節点で示力図を描き，すべての部材応力が図示できたら終了する．部材応力は示力図の長さから求める．

ミニ知識 クレモナ（Luigi Cremona；伊 1830～1903 年）———————

クレモナは，イタリアの数学者でミラノ工科大学の教授であった．19 世紀後半に，各種の力学の図式解法が提案されているが，クレモナによるトラスの応力解析方法が有名である．彼の有名な図式解法に関する著書は，1890 年に英訳されている．

例題 7.5 クレモナ法（平行弦トラス）

図(a)のトラスの部材応力を図式解法により求めよ（図示の力は節点力を示している．また，この計算には，部材の取り付け角度のみが意味をもつので，部材寸法は省略してある）．

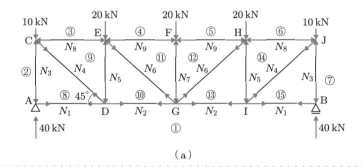

（a）

解答

(1) 反力を計算し，反力と外力とで区切られる領域に①～⑮の番号を付ける．

(2) 反力，外力について，各領域にまたがる部分を作図する．領域①～②に反力上向き 40 kN，②～③に外力下向き 10 kN，③～④に外力下向き 20 kN などを作図する．

(3) 節点 A の示力図を描く．②から鉛直方向，①から水平方向が⑧の位置であり，

①と一致する.

①～⑧の長さが N_1 であり，0 となる.

(4) 以下，節点 B から J まで作図を繰り返して図を完成させ，各部材応力の長さを計る（図(b)）.

$$①～⑧ = N_1 = 0.0\,\mathrm{kN}$$
$$②～⑧ = N_3 = -40\,\mathrm{kN}$$
$$⑨～⑩ = N_5 = -30\,\mathrm{kN}$$
$$⑪～⑫ = N_7 = -20\,\mathrm{kN}$$

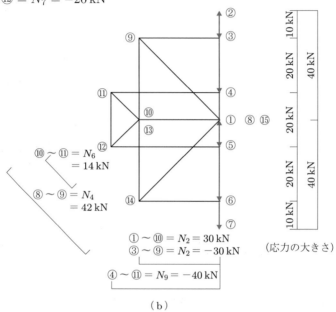

（b）

- -

例題 7.6 クレモナ法（山形トラス）

図(a)のトラスの部材応力を図式解法により求めよ.

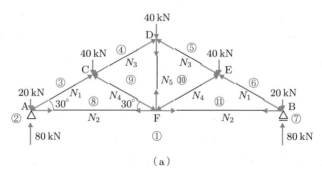

（a）

解答 •

(1) 反力を計算し，反力と外力とで区切られる領域に①〜⑪の番号を付ける．

(2) 反力，外力について，各領域にまたがる部分を作図する．

　領域①〜②に反力上向き 80 kN，②〜③に外力下向き 20 kN，③〜④に外力下向き 40 kN，などを作図する（この場合は，すべて鉛直方向の力であり，外力と反力が釣り合っているので図は閉じる）．

(3) 節点 A の示力図を描く．③から左下 30 度，①から水平方向に線を引き，⑧の位置を決定する．③〜⑧の長さが N_1 の力である（1 kN ＝ 何 mm かを定めておくこと）．

(4) 以下，節点 B から F まで作図を繰り返して図を完成させ，各部材応力の長さを計る（図(b)）．

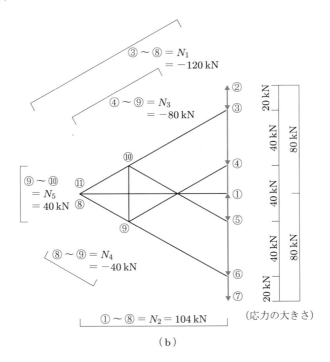

（b）

7.5　トラス部材応力の特徴

▌7.5.1　「0応力」の部材

　トラス部材に生じている部材応力は，各節点で釣り合っているので，その性質に注意する．とくに，外力が作用していない場合には，図7.7に示すような性質が見られる．

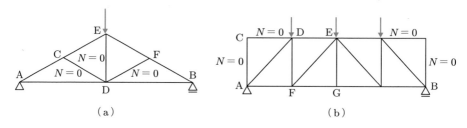

| （a）2部材取り合い，外力＝0 | （b）3部材取り合い，外力＝0
（2直線材と1斜材） | （c）4部材取り合い，外力＝0
（二組の直線材） |

図 7.7　トラス部材応力の性質

　部材応力0の部材が存在することが，奇妙に思えるかもしれないが，座屈を止めるための部材を入れたり，水平方向力のための部材が鉛直方向力に対しては「0応力」となり，このような状態となることがある（図7.8）.

（a）　　　　　　　　　　　　　　　　　　　（b）

図 7.8　「0応力」部材の例

▌7.5.2　平行弦トラスと単純梁

　平行弦トラスも単純梁も，同じ荷重を受けていれば同様の応力を生じているはずである．この関係を比較検討してみる．

　結果は図7.9となり，両者の値がそれぞれ対応していることがわかる．これは，両者ともに切断位置で外力，反力と釣り合う部材応力が生じていることからも説明できる．

▌7.5.3　山形トラスの応力

　山形トラスの場合，鉛直荷重に対する力の流れ方が，平行弦トラスと異なる（図7.10）．山形トラスでは，上弦材が傾いていることにより，「迫り持ちトラス」効果があり，平行弦トラスとはまったく異なる応力状態となる．鉛直荷重を受ける山形トラスの特徴を，平行弦トラスと比較すると，つぎのようになる．

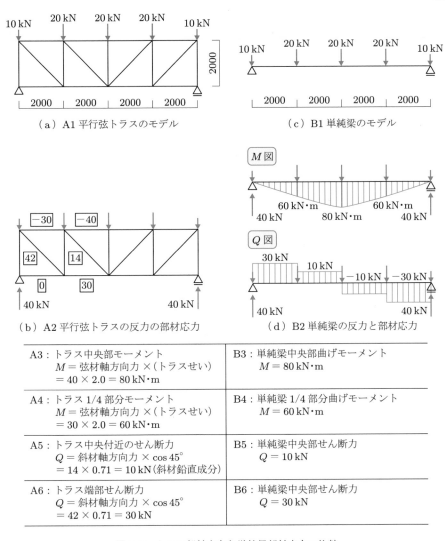

図 7.9　トラス部材応力と単純梁部材応力の比較

（弦材応力）

- 山形トラスでは，AC，CD 材などの斜材（合掌材）も AF，FG 材などの水平材（陸梁）も，支点に近いほど応力が大きい．
- 平行弦トラスでは，中央部ほど DE，GH 材などの弦材の部材応力が大きい．

（斜材応力）

- 山形トラス（図 7.10（a））と平行弦トラス（図 7.10（b））は，斜材応力は引張りとなる．

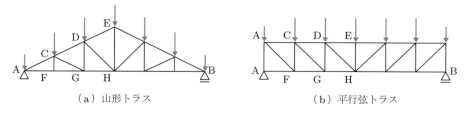

（a）山形トラス　　　　　　　　　　（b）平行弦トラス

図 7.10　山形トラスと平行弦トラス

演習問題

7.1　［静定トラス］問図 7.1 のトラスの反力と部材応力を節点法により求めよ.

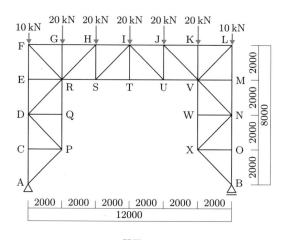

問図 7.1

7.2　［平行弦トラス］問図 7.2 のトラスの反力と部材応力を節点法により求めよ.

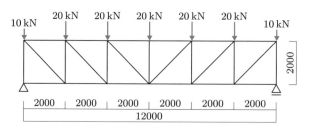

問図 7.2

7.3　[平行弦トラス]　問図 7.3 のトラスの反力と部材応力を節点法により求めよ.

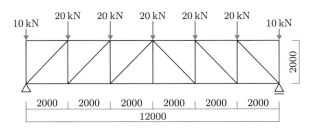

問図 7.3

7.4　[静定トラス]　問図 7.4 のトラスの反力と軸方向力 $N_1 \sim N_6$ を節点法により求めよ.

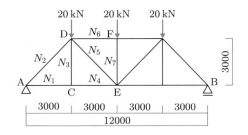

問図 7.4

7.5　[静定トラス]　問図 7.5 のトラスの反力と軸方向力 $N_1 \sim N_3$ を切断法により求めよ.

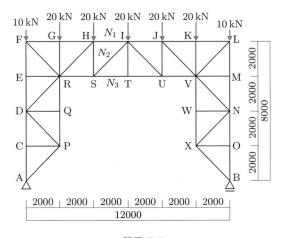

問図 7.5

7.6　[平行弦トラス] 問図 7.6 のトラスの反力と軸方向力 $N_1 \sim N_3$ を切断法により求めよ.

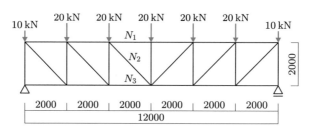

問図 7.6

7.7　[平行弦トラス] 問図 7.7 のトラスの反力と軸方向力 $N_1 \sim N_3$ を切断法により求めよ.

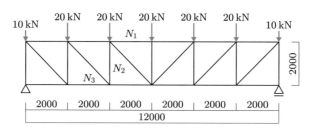

問図 7.7

7.8　[静定トラス] 問図 7.8 のトラスの反力と軸方向力 $N_1 \sim N_3$ を切断法により求めよ.

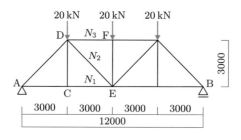

問図 7.8

第8章 | 応力度とひずみ度

　荷重や外力が構造物に作用し，構造部材に部材応力が生じると，それに対応して部材断面に応力度（単位面積あたりの力）が生じる．軸方向力 N，曲げモーメント M により垂直応力度 σ が，せん断力 Q によりせん断応力度 τ が生じる．本章では，それぞれの応力度の関係を理解し，応力度が一番大きくなる主応力度について学ぶ．

　構造物は外力が作用すると変形する．この変形を，単位長さあたりの変形量で表現したものは無次元となり，ひずみ度（歪度）とよばれる．ひずみ度は，部材各部が変形した程度を表している．

　また，ほとんどの構造材料には，力を受けて変形したときに，その力を除くとその形が元に戻る性質，すなわち弾性的性質がある．応力度やひずみ度があまり大きくない範囲では，応力度とひずみ度は比例して変化することが多い．そこで解析の利便性を考慮して，通常の弾性力学では，対象物に生じる応力度とひずみ度の間に比例関係（フックの法則）が成り立つとして解析を進める．

アメリカ・ニューヨーク〈The Museum of Modern Art〉
（ニューヨーク近代美術館）

8.1 応力度の種類

構造部材に作用した力により，断面内の単位面積あたりに生じた力を応力度（stress）という．単位としては，N/mm², N/cm², kN/cm² などが用いられるが，本書では常用単位として N/mm² を主として使用する．図 8.1 に示したように，応力度には，軸方向力や曲げモーメントにより生じる垂直応力度 σ と，せん断力により生じるせん断応力度 τ がある．

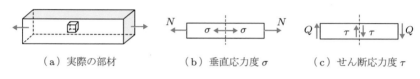

（a）実際の部材　　　（b）垂直応力度 σ　　　（c）せん断応力度 τ

図 8.1　断面の応力度

（1）垂直応力度

部材に軸方向力（引張力，圧縮力）などが作用して生じる断面に垂直（材軸に平行）方向の応力度を，垂直応力度（normal stress）σ という．また，曲げモーメントの作用によっても σ が生じる．部材応力に対応して，軸方向応力度や曲げ応力度とよばれることもある．軸方向力が作用するときの垂直応力度はつぎのように計算される．

$$\sigma = \frac{N}{A} \tag{8.1}$$

ここに，σ：垂直応力度 [N/mm²]

N：作用外力（軸方向力）[N]

A：断面積 [mm²]

（2）せん断応力度

部材にせん断力が作用して生じる断面に平行方向の応力度をせん断応力度（shearing stress）τ という．部材を断ち切るように作用することから「せん断」という言葉を用いている．せん断力が作用するときのせん断応力度はつぎのように計算される．

$$\tau = \frac{Q}{A} \tag{8.2}$$

ここに，τ：せん断応力度 [N/mm²]

Q：作用外力（せん断力）[N]

8.2 応力度の関係

図 8.2 の単位厚さ $(d_z = 1)$ の微小な長方形に作用する応力度として，垂直応力度 σ_x, σ_y およびせん断応力度 τ_x, τ_y を考える．応力度は図の方向を正とし，垂直応力度は引張りが正，圧縮が負となり，せん断応力度の正負は図 8.3 のようにする．左面には $(\sigma_x \cdot d_y)$ と $(\tau_x \cdot d_y)$ が作用し，ほかの 3 面にも同様の力が作用している．

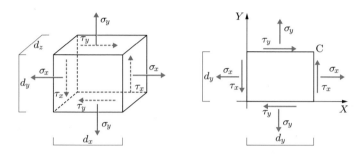

図 8.2 応力度の関係

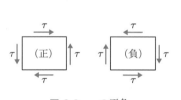

図 8.3 τ の正負

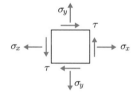

図 8.4 一点に作用する応力度

X, Y 方向の力が釣り合っていることは，簡単に理解できる．つぎに，C 点まわりのモーメントの釣り合いを考えると，つぎのように表せる．

$$-(\tau_x \cdot d_y)d_x + (\tau_y \cdot d_x)d_y = 0$$

よって，つぎのようになる．

$$\tau_x = \tau_y \tag{8.3}$$

上記より，平面内の任意点の互いに直交する面のせん断応力度 τ は，つねに値が等しいといえる．結局，平面内の一点には 3 種類の応力度 σ_x, σ_y, τ が作用していることになる．それらは，つぎのとおりである（図 8.4）．

- 面に垂直な応力度 σ_x, σ_y（垂直応力度：引張り・圧縮）
- 面に平行な応力度 τ（せん断応力度）

ミニ知識 **応力度と応力** ―――――――――――――――――――――――――――

　応力度（stress）については，建築基準法では「許容応力度」，日本建築学会の鉄筋コンクリート構造計算規準では「曲げ応力度やせん断応力度」などと表現されている．一方，鋼材の JIS では応力とよんでおり，金属材料関係や材料力学の分野では「応力」が用いられている．建築関係では，このように応力度と応力が同義語として使用されているので注意する．本書では，「応力度」とこれに対応して「ひずみ度」（JIS ではひずみ）を用いている．また，本書で用いている「部材応力」を略称して「応力」とよぶこともある．

―――

8.3　主応力度とモールの応力円

8.3.1　任意方向の応力度

　直交した X，Y 面上に応力度 σ_x，σ_y，τ が存在しているとき，X 軸と角度 θ だけ傾いた S 方向に直角な面の応力度を σ_θ，τ_θ とする（図 8.5）．X，Y 方向の力の釣り合いを考えると，つぎのように表せる．

$$\sum F_X = 0 \text{ から} \quad -\sigma_x d_y - \tau d_x + \sigma_\theta d_s \cos\theta + \tau_\theta d_s \sin\theta = 0$$

$$\sum F_Y = 0 \text{ から} \quad -\sigma_y d_x - \tau d_y + \sigma_\theta d_s \sin\theta - \tau_\theta d_s \cos\theta = 0$$

これを，$d_x = d_s \sin\theta$，$d_y = d_s \cos\theta$ を使って整理すると，つぎのようになる．

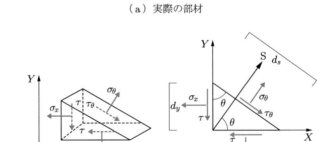

（a）実際の部材

（b）微小部分の応力度

図 8.5　任意方向の応力度

$$\left.\begin{array}{l} \sigma_\theta = \sigma_x \cos^2 \theta + \sigma_y \sin^2 \theta + 2\tau \sin \theta \cos \theta \\ \tau_\theta = (\sigma_x - \sigma_y) \sin \theta \cos \theta - \tau(\cos^2 \theta - \sin^2 \theta) \end{array}\right\} \tag{8.4}$$

三角公式を使って整理すると，つぎのように表現される．

$$\left.\begin{array}{l} \sigma_\theta = \dfrac{\sigma_x + \sigma_y}{2} + \dfrac{\sigma_x - \sigma_y}{2} \cos 2\theta + \tau \sin 2\theta \\ \tau_\theta = \dfrac{\sigma_x - \sigma_y}{2} \sin 2\theta - \tau \cos 2\theta \end{array}\right\} \tag{8.5}$$

▎8.3.2 σ_x，σ_y のみが作用する場合

θ 方向の応力度についての式(8.5)の関係を，τ が 0 で σ_x，σ_y のみ作用する場合を考える．この場合，σ_θ，τ_θ は

$$\left.\begin{array}{l} \sigma_\theta = \dfrac{\sigma_x + \sigma_y}{2} + \dfrac{\sigma_x - \sigma_y}{2} \cos 2\theta \\ \tau_\theta = \dfrac{\sigma_x - \sigma_y}{2} \sin 2\theta \end{array}\right\} \tag{8.6}$$

と表現される．この関係を図的に表現したものが図 8.6 のモールの応力円である．モールの応力円の描き方は，つぎのとおりである．

① σ–τ 座標を考える．

② σ 軸に中心 $(\sigma_x + \sigma_y)/2$，半径 $(\sigma_x - \sigma_y)/2$ の円を描く．

③ 中心から角度 2θ の線を引き，円と交わった点の座標が $(\sigma_\theta, \tau_\theta)$ である．

モールの応力円からつぎのことがわかる．

① 垂直応力度は，σ_x と σ_y の値が最大となっている．

② 最大せん断応力度は $(\sigma_x - \sigma_y)/2$ であり，$\theta = 45°$ または $135°$ で生じる．

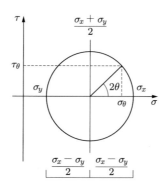

図 8.6 σ_x，σ_y のみが作用する場合のモールの応力円

8.3.3 σ_x, σ_y, τ が作用する場合

θ 方向の応力度についての式 (8.5) の関係を, 図的に表現すると, 図 8.7 のモールの応力円となる. これの描き方はつぎのとおりである.

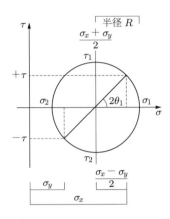

図 8.7 σ_x, σ_y, τ が作用する場合のモールの応力円

① σ 軸上に中心 $(\sigma_x + \sigma_y)/2$, 半径 R の円を描く.

$$R = \sqrt{\left(\frac{\sigma_x - \sigma_y}{2}\right)^2 + \tau^2} \tag{8.7}$$

② (σ_x, τ) と $(\sigma_y, -\tau)$ が σ 軸となす角度 $2\theta_1$ は, つぎのようになる.

$$\tan 2\theta_1 = \frac{\tau}{(\sigma_x - \sigma_y)/2} = \frac{2\tau}{\sigma_x - \sigma_y} \tag{8.8}$$

> **ミニ知識** **モール** (Christian Otto Mohr；独 1835〜1918 年) ━━━━━
>
> ドイツの応用数学者で, シュトゥットガルト工科大学とドレスデンの工科大学教授を務め, 静力学体系を整理発展させ, とくにトラスの図解力学に関し功績がある. 梁の曲げ変形に関する「モールの定理」や応力度に関した「モールの応力円」にその名を残している.
>
>

8.3.4 主応力度

図 8.7 のモールの応力円から，つぎに示すように，垂直応力度は最大値 σ_1，最小値 σ_2 をとること，せん断応力度は最大値 τ_1，最小値 τ_2 をとることがわかる．

① 垂直応力度 σ_θ は，ある互いに直交する面で最大値および最小値をとる．すなわち，ある角度のとき，σ_x，σ_y の一方が最大となり，一方が最小となる．この一組の垂直応力度を<u>主応力度</u>（principal stress）とよぶ．主応力度の大きさ σ_1，σ_2 と主応力面の傾き θ_1 は次式で表される．なお，主応力面ではせん断応力度 τ は 0 となる．

$$\left. \begin{array}{l} \sigma_1, \sigma_2 = \dfrac{\sigma_x + \sigma_y}{2} \pm \sqrt{\left(\dfrac{\sigma_x - \sigma_y}{2}\right)^2 + \tau^2} \\[3mm] \tan 2\theta_1 = \dfrac{2\tau}{\sigma_x - \sigma_y} \end{array} \right\} \tag{8.9}$$

② せん断応力度 τ_θ は，主応力度と $45°$ 傾いた互いに直角な面で，最大値および最小値をとる．この一組のせん断応力度を<u>主せん断応力度</u>（principal shearing stress）とよぶ．主せん断応力度の大きさ τ_1，τ_2 は次式で表される．

$$\tau_1, \tau_2 = \pm \sqrt{\left(\dfrac{\sigma_x - \sigma_y}{2}\right)^2 + \tau^2} \tag{8.10}$$

③ 二つの直交面上の垂直応力度の和は一定である．式(8.9)より，

$$\sigma_1 + \sigma_2 = \sigma_x + \sigma_y \tag{8.11}$$

となり，角度によらず垂直応力度の和が一定値となることがわかる．

参考 **主応力度の方向**

σ_θ が最大または最小の極値をとるのは，式(8.5)の σ_θ の θ について微分値が 0 のときである．

$$\sigma_\theta = \frac{\sigma_x + \sigma_y}{2} + \frac{\sigma_x - \sigma_y}{2} \cos 2\theta + \tau \sin 2\theta$$

より，

$$\frac{\partial \sigma_\theta}{\partial \theta} = -(\sigma_x - \sigma_y) \sin 2\theta + 2\tau \cos 2\theta$$

となる．$\partial \sigma_\theta / \partial \theta = 0$ となる θ を θ_1 とすると，$\tan 2\theta_1 = 2\tau/(\sigma_x - \sigma_y)$ となる．

以下に主応力度の例を示す．

① 主応力度の例 1（一様引張応力場：図 8.8）

$\sigma_x = \sigma_y = \sigma$ の一様な引張応力場では，つぎのようになる.

$$\sigma_1 = \sigma + \tau, \qquad \tan 2\theta_1 = \infty$$

$$\sigma_2 = \sigma - \tau, \qquad 2\theta_1 = 90°$$

$$\tau_1, \tau_2 = \pm\tau, \qquad \theta_1 = 45°$$

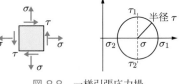

図 8.8　一様引張応力場

② 主応力度の例 2（引張圧縮の応力場：図 8.9）

$\sigma_x = -\sigma_y = \sigma$ の応力場では，つぎのようになる.

$$\sigma_1 = \sqrt{\sigma^2 + \tau^2}, \qquad \tan 2\theta_1 = \frac{\tau}{\sigma}$$

$$\sigma_2 = -\sqrt{\sigma^2 + \tau^2},$$

半径 $R = \sqrt{\sigma^2 + \tau^2}$

$$\tau_1, \tau_2 = \sqrt{\sigma^2 + \tau^2}$$

図 8.9　引張圧縮応力場

③ 主応力度の例 3（一方向引張応力場：図 8.10）

$\sigma_x = \sigma$，$\sigma_y = \tau = 0$ の一方向引張応力場では，つぎのようになる.

$$\sigma_1 = \sigma, \qquad \tan 2\theta_1 = 0°$$

$$\sigma_2 = 0, \qquad 2\theta_1 = 0°$$

$$\tau_1, \tau_2 = \pm\frac{\sigma}{2}, \qquad \theta_1 = 0°$$

図 8.10　一方向引張応力場

例題 8.1　応力度とモールの応力円（1）

図(a)の断面 A–A に作用する応力度 σ_θ，τ_θ を求めよ. また，求めた応力度をモールの応力円上に示せ.

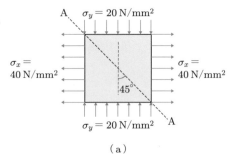

（a）

解答 ・・・

① 数式解法

$$\sigma_{45°} = \frac{40-20}{2} + \frac{40+20}{2}\cos(2 \times 45°) = 10 + 30 \times 0.0 = 10\,\text{N/mm}^2$$

$$\tau_{45°} = \frac{40+20}{2}\sin(2 \times 45°) = 30 \times 1.0 = 30\,\text{N/mm}^2$$

② 図式解法（図(b)）：モールの応力円の中心と
半径を求める.

中心 　$\dfrac{\sigma_x + \sigma_y}{2} = \dfrac{40-20}{2} = 10\,\text{N/mm}^2$

半径 　$\dfrac{\sigma_x - \sigma_y}{2} = \dfrac{40+20}{2} = 30\,\text{N/mm}^2$

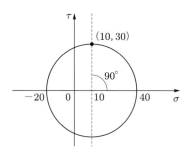

この中心と半径により応力円を描くと，図(b)のよ
うになり，$(2 \times 45° = 90°)$ の位置より，応力度
$\sigma_{45°} = 10\,\text{N/mm}^2$, $\tau_{45°} = 30\,\text{N/mm}^2$ が求めら
れる.

（b）応力円（単位：N/mm²）

・・・

例題 8.2 応力度とモールの応力円（2）

図(a)の断面 A–A に作用する応力度
σ_θ, τ_θ を求めよ. また, 求めた応力度を
モールの応力円上に示せ.

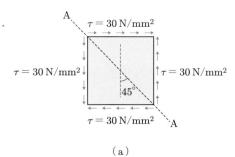

（a）

解答 ・・・

① 数式解法

$$\sigma_{45°} = 30 \times \sin(2 \times 45°) = 30\,\text{N/mm}^2$$

$$\tau_{45°} = -30 \times \cos(2 \times 45°) = 0\,\text{N/mm}^2$$

② 図式解法（図(b)）：モールの応力円の中心と
半径を求める.

中心 　$\dfrac{\sigma_x + \sigma_y}{2} = 0\,\text{N/mm}^2$

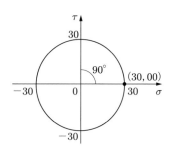

（b）応力円（単位：N/mm²）

$$\text{半径} \quad \sqrt{\left(\frac{\sigma_x - \sigma_y}{2}\right)^2 + \tau^2} = 30\,\text{N/mm}^2$$

この中心と半径より応力円を描くと，図(b)のようになり，応力度 $\sigma_{45^\circ} = 30\,\text{N/mm}^2$，$\tau_{45^\circ} = 0\,\text{N/mm}^2$ が図中にプロットできる.

例題 8.3 応力度とモールの応力円（3）

図(a)のように 2 方向の応力度 σ_x，σ_y が作用している場合について，つぎの各問に答えよ.
(1) A–A 断面における応力度 σ_θ, τ_θ を，$\theta = 30^\circ$, 45° のそれぞれについて求めよ.
(2) (1)で求めた応力度をモールの応力円上に示せ.

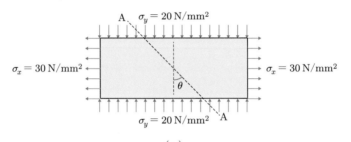

（a）

解答

$$\sigma_x = 30\,\text{N/mm}^2, \qquad \sigma_y = -20\,\text{N/mm}^2$$

(1) 垂直応力度とせん断応力度（式(8.5)により計算する）
（$\theta = 30^\circ$ の場合）

$$\sigma_{30^\circ} = \frac{30 - 20}{2} + \frac{30 + 20}{2}\cos(2 \times 30^\circ) = 5 + 25 \times 0.50 = 18\,\text{N/mm}^2$$

$$\tau_{30^\circ} = \frac{30 + 20}{2}\sin(2 \times 30^\circ) = 25 \times 0.87 = 22\,\text{N/mm}^2$$

（$\theta = 45^\circ$ の場合）

$$\sigma_{45^\circ} = \frac{30 - 20}{2} + \frac{30 + 20}{2}\cos(2 \times 45^\circ) = 5 + 25 \times 0.0 = 5\,\text{N/mm}^2$$

$$\tau_{45^\circ} = \frac{30 + 20}{2}\sin(2 \times 45^\circ) = 25 \times 1.0 = 25\,\text{N/mm}^2$$

(2) モールの応力円（図(b)）

$$中心\ \frac{\sigma_x + \sigma_y}{2} = \frac{30 - 20}{2} = 5$$

$$半径\ \frac{\sigma_x - \sigma_y}{2} = \frac{30 + 20}{2} = 25$$

30° と 45° の応力度は図(b)に示したようになる.

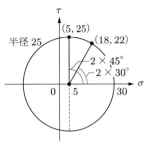

（b）応力円（単位：N/mm²）

8.4 ひずみ度の種類

構造物は部材応力や温度の影響を受けて変形する（「たわむ（撓む）」とも表現される）. ひずみ度は，単位長さあたりの変形量であり，単位としては（長さ/長さ = 無次元）となる. ひずみ度には，その変形要因により軸方向ひずみ度とせん断ひずみ度の2種類がある.

(1) 軸方向ひずみ度

長さ L の部材に軸方向力が作用して伸びたり縮んだりして，dL の変形を生じた場合には，軸方向ひずみ度（垂直ひずみ度：normal strain）が発生する. 軸方向ひずみ度には，引張応力度による引張ひずみ度（tensile strain）と圧縮応力度による圧縮ひずみ度（compressive strain）があり，いずれも次式のように ε で表す（図 8.11）.

$$\varepsilon = \frac{dL}{L} \tag{8.12}$$

(2) せん断ひずみ度

部材にせん断力が作用して変形を生じた場合には，正方形であった部分が平行四辺形に変形し，せん断ひずみ度が発生する. せん断ひずみ度（shearing strain）は，この微小な変形角として与えられ，次式のように γ で表す（図 8.12）.

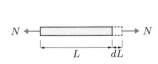

図 8.11 軸方向ひずみ度

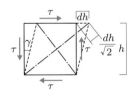

図 8.12 せん断ひずみ度

$$\gamma = \frac{dh}{h} \tag{8.13}$$

せん断変形により，正方形の対角線は一方は伸びて他方は縮む．その変形量は $dh/\sqrt{2}$，対角線の長さは $h\sqrt{2}$ であり，つぎのように ε が求められる．

対角線長さのひずみ度　$\varepsilon = \dfrac{dh/\sqrt{2}}{h\sqrt{2}} = \dfrac{dh}{2h} = \dfrac{1}{2}\gamma \tag{8.14}$

8.5 弾性係数

8.5.1 弾 性

構造物が外力の作用を受けて変形するとき，図 8.13 のように，一般的には外力の大きさに比例した変形量を生じ，外力が 0 に戻れば変形量も 0 になる．このような，力に比例して変形が生じる性質を線形弾性 （linear elasticity）または弾性 という．

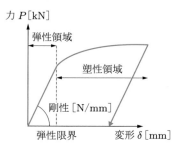

図 8.13　荷重～変形関係

しかし，力がある値以上に大きくなれば，構造物も弾性の性質を保持できなくなり，外力が 0 に戻っても変形量が 0 に戻らなくなる．この状態を塑性 （plasticity）といい，弾性から塑性化する限界となる応力度を，弾性限界 （elastic limit）という．

荷重と変形が比例するのと同様に，弾性範囲では応力度とひずみ度も比例関係にある．これをフックの法則 (Hook's law) といい，応力度とひずみ度の比例定数を弾性係数 （modulus of elasticity）という．すなわち，フックの法則は，

$$弾性係数 = \frac{応力度}{ひずみ度} \tag{8.15}$$

と表現される．この弾性係数は構造材料や応力度の種類に応じて異なる．

8.5.2　ヤング係数とせん断弾性係数

垂直応力度 σ について，フックの法則を適用すると，

$$E = \frac{\sigma}{\varepsilon} \tag{8.16}$$

となり，E をヤング係数（Young's modulus）という．ヤング係数の単位は，応力度を無次元のひずみ度で割ったものであるから，応力度と同じ単位となり，N/mm^2 やkN/m^2 が用いられる（図 8.14）．

せん断応力度 τ について，フックの法則を適用すると，

$$G = \frac{\tau}{\gamma} \tag{8.17}$$

となり，G をせん断弾性係数（shearing modulus）という．単位は，ヤング係数と同様である（図 8.15）．

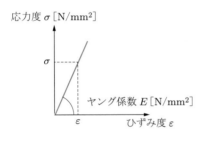

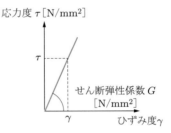

図 8.14　ヤング係数　　　　　図 8.15　せん断弾性係数

8.5.3　ポアソン比

部材が一方向に力（応力度）を受け，伸びたり縮んだりすると，力と直交方向に縮んだり伸びたりする．この両方向のひずみ度の比率をポアソン比（Poisson's ratio）といい，次式のように ν で表す．

$$\nu = \frac{\varepsilon_D}{\varepsilon_L} = \frac{dD/D}{dL/L} = \frac{1}{m} \tag{8.18}$$

ここに，ε_L：応力度方向のひずみ度

ε_D：応力度直角方向のひずみ度

m：ポアソン数

m は無次元数で 2 以上の数値をとり，材料が弾性範囲ではおおむね一定値をとるとされている（図 8.16）．

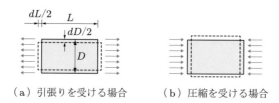

（a）引張りを受ける場合　　　（b）圧縮を受ける場合

図 8.16　力と直交する方向の変形

▌8.5.4　弾性係数間の関係

弾性係数 E, G, ν は，それぞれの材料により固有の値が決まっているが，三つの弾性係数には相互関係があり，二つの係数から残り一つの弾性係数が求められる．その関係はつぎのようになる．

$$
\left.
\begin{aligned}
E &= \frac{2(1+m)}{m}G = 2(1+\nu)G \\[2mm]
G &= \frac{m}{2(1+m)}E = \frac{1}{2(1+\nu)}E \\[2mm]
\nu &= \frac{1}{m} = \frac{E}{2G} - 1 = \frac{E - 2G}{2G}
\end{aligned}
\right\}
\tag{8.19}
$$

代表的な材料の弾性係数はつぎのとおりであるが，コンクリートの場合は材料の強度により変動する．

$$
\begin{aligned}
&\text{鋼} &&E = 2.1 \times 10^5\,\text{N/mm}^2 &&(21000\,\text{kN/cm}^2) \\
& &&G = 0.81 \times 10^5\,\text{N/mm}^2 &&(8100\,\text{kN/cm}^2),\ \nu = 0.3 \\
&\text{コンクリート} &&E = 2.1 \times 10^4\,\text{N/mm}^2 &&(2100\,\text{kN/cm}^2) \\
& &&G = 0.9 \times 10^4\,\text{N/mm}^2 &&(900\,\text{kN/cm}^2),\ \nu = 0.2
\end{aligned}
$$

ミニ知識　**フック**（Robert Hook；英 1635〜1703 年）————————————

　1678 年に論文「ばねについて」を出版し，材料の弾性についての実験結果を世界で初めて公表した．フックは力の大きさと変形の大きさの関係を確立し，この関係を使って重要な問題を実験的に解くことができることを示唆した．これが「フックの法則」であり，その後の弾性力学発展の基礎となった．

ミニ知識 **ヤング**（Thomas Young；英 1773～1829 年）

1796 年にゲッチンゲン大学で博士号を得た後ケンブリッジで学び，1802 年には王立学士院会員に選ばれた．1803 年まで在任した王立科学研究所での講義録に，一様断面棒の基本的な変形様式の検討がある．引張りや圧縮に弾性係数という概念を導入し，材料力学に大いに貢献した．

ミニ知識 **ポアソン**（S.D. Poisson；仏 1781～1840 年）

フランスの数学者で，1812 年にアカデミー会員になった．当時の数学者たちは，物理の問題を数学を使って理論的に解こうと努力していた．ポアソンも分子構造の考えに基づく弾性論に興味をもち，この分野の基礎確立に努力した．彼は論文で，「棒を引張ったときには，軸方向の伸び ε と横方向の縮み $\mu\varepsilon$ が生じる」ことを示した．

▮8.5.5 合成断面の応力度とひずみ度

図 8.17 の鉄筋コンクリート部材のような，合成断面に軸方向力 P が作用している場合について考える．棒材の上端部，下端部は剛体であり，部材の鉛直変形は断面全体で同一であり，コンクリートのひずみ度と鉄筋のひずみ度は同じである．

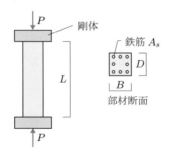

図 8.17 合成断面

鉄筋とコンクリートのひずみ度は同じであるので，

$$\varepsilon = \frac{\sigma_C}{E_C} = \frac{\sigma_S}{E_S}, \qquad \sigma_S = \frac{E_S}{E_C}\sigma_C = n\sigma_C$$

の関係を用いて，

$$P = P_C + P_S = \sigma_C A_C + \sigma_S A_S = \sigma_C A_C + n\sigma_C A_S = \sigma_C(A_C + nA_S)$$

$$\sigma_C = \frac{P}{A_C + nA_S} \tag{8.20}$$

$$\sigma_S = n\sigma_C = \frac{nP}{A_C + nA_S} \tag{8.21}$$

となり，部材の縮み量 δ は次式のように表せる．

$$\varepsilon = \frac{\delta}{L} = \frac{\sigma_C}{E_C}$$

$$\delta = \frac{\sigma_C L}{E_C} \tag{8.22}$$

ここに，

（コンクリート）　ヤング係数：E_C，応力度：σ_C，断面積：A_C，負担力：P_C

（鉄筋）　　　　　ヤング係数：E_S，応力度：σ_S，断面積：A_S，負担力：P_S

ヤング係数比：$n = \dfrac{E_S}{E_C}$（$n = 10$ 程度）

式(8.21)によれば，コンクリートに比較して剛な鉄筋は，見掛け上コンクリートの n 倍の断面積をもっており，n 倍の応力度を負担している．

例題 8.4　ひずみ度と弾性係数

　図(a)に示すような，断面が $200 \times 200\,\mathrm{mm}$ の部材に，引張力 $P[\mathrm{kN}]$ が作用している．この部材の引張力 P と伸び量 ΔL の関係は，図(b)に示すようになった．このときつぎの各問に答えよ．

(1)　図(b)の A 点におけるひずみ度 ε_{A} と応力度 σ_{A} を求めよ．

(2)　ヤング係数 E を求めよ．

(3)　この材料に $\varepsilon = 2.0 \times 10^{-4}$ のひずみ度を与えるためには，何 kN の荷重が必要か．また，このときの伸び量 ΔL_{B} を求めよ．

(4)　力の変形の関係が図(b)の A 点のとき，材軸と直交方向のひずみ度 $\varepsilon_{\mathrm{A0}}$ はいくらか（ポアソン比は $\nu = 0.3$ とする）．

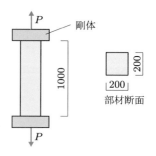

（a）

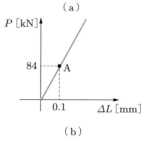

（b）

解答 •

(1) 垂直応力度とひずみ度（図(b)）

$$\sigma = \frac{P}{A} = \frac{84 \times 1000}{200 \times 200} = 2.1 \,\text{N/mm}^2$$

$$\varepsilon_A = \frac{\Delta L}{L} = \frac{0.1}{1000} = 1.0 \times 10^{-4}$$

(2) ヤング係数

$$E = \frac{\sigma}{\varepsilon} = \frac{2.1}{1.0 \times 10^{-4}} = 2.1 \times 10^4 \,\text{N/mm}^2$$

(3) 荷重と伸び（図(c)）

$$P = A \times E \times \varepsilon$$

$$= (200 \times 200) \times (2.1 \times 10^4) \times (2.0 \times 10^{-4})$$

$$= 1.68 \times 10^5 \,\text{N} = 168 \,\text{kN}$$

$$\Delta L_B = \varepsilon \times L = 20 \times 10^{-4} \times 1000 = 0.2 \,\text{mm}$$

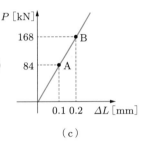

（c）

(4) 材軸直交ひずみ度

$$\varepsilon_{A0} = \nu \times \varepsilon_A = 0.3 \times 1.0 \times 10^{-5} = 0.3 \times 10^{-5}$$

• •

例題 8.5 応力度とひずみ度

図の部材に圧縮力 $P = 150\,\text{kN}$ が作用して長さが 0.17 mm 縮んだ場合について，つぎの各問に答えよ．

(1) 断面の垂直応力度 σ とヤング係数 E を求めよ．

(2) この部材のせん断弾性係数を求めよ．ただし，ポアソン比 $\nu = 0.2$ とする．

(3) この部材とまったく同質の材料を用いて，断面 $100 \times 100\,\text{mm}$，長さ 800 mm の角柱をつくり，100 kN の圧縮力を加えたときの断面の垂直応力度 σ と縮み量 ΔL はいくらになるか．

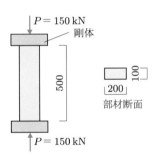

部材断面

解答 •

(1) 軸方向応力度とヤング係数

$$P = 150 \,\text{kN}$$

$$\sigma = \frac{P}{A} = \frac{150 \times 10^3}{200 \times 100} = 7.5 \,\text{N/mm}^2$$

$$E = \frac{\sigma}{\varepsilon} = \sigma \frac{L}{\Delta L} = \frac{7.5 \times 500}{0.17} = 2.2 \times 10^4 \, \text{N/mm}^2$$

(2)　せん断弾性係数

$$G = \frac{E}{2(1 + \nu)} = \frac{2.2 \times 10^4}{2(1 + 0.2)} = 9.2 \times 10^3 \, \text{N/mm}^2$$

(3)　垂直応力度と縮み量

$$P = 100 \, \text{kN}$$

$$\sigma = \frac{P}{A} = \frac{100 \times 10^3}{100 \times 100} = 10 \, \text{N/mm}^2$$

$$\sigma = \varepsilon E \ \text{より},\quad \varepsilon = \frac{\sigma}{E} = \frac{10}{2.2 \times 10^4} = 4.5 \times 10^{-4}$$

$$\varepsilon = \frac{\Delta L}{L} \ \text{より},\quad \Delta L = \varepsilon L = 4.5 \times 10^{-4} \times 800 = 0.36 \, \text{mm}$$

・・・

例題 8.6　合成断面の応力度とひずみ度

　図の鉄筋コンクリート部材に圧縮力 $P = 1500 \, \text{kN}$ が作用している場合についてつぎの各問に答えよ.

(1)　コンクリートと鉄筋それぞれに生じる垂直応力度 σ_C, σ_S を求めよ.

(2)　部材の縮み量 δ を求めよ. ただし, 各値はつぎのとおりである.

　　　コンクリートのヤング係数：$E_C = 2.1 \times 10^4 \, \text{N/mm}^2$

　　　鉄筋のヤング係数　　　　：$E_S = 2.1 \times 10^5 \, \text{N/mm}^2$

　　　鉄筋 D25 の面積　　　　　：$500 \, \text{mm}^2/\text{本}$

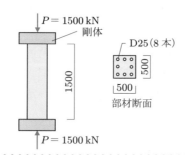

部材断面

解答 ・・

(1)　垂直応力度

$$P = 1500 \, \text{kN}$$

$$A_S = 500 \times 8 = 4000\,\text{mm}^2$$

$$A_C = 500 \times 500 - 4000 = 2.46 \times 10^5\,\text{mm}^2$$

鉄筋とコンクリートでひずみ度が同じであるので，

$$\varepsilon = \frac{\sigma_C}{E_C} = \frac{\sigma_S}{E_S}, \qquad \sigma_S = \frac{E_S}{E_C}\sigma_C = n\sigma_C$$

となる．このとき，$E_S/E_C = n = 10.0$ である．

$$P = P_C + P_S = \sigma_C A_C + \sigma_S A_S = \sigma_C A_C + n\sigma_C A_S = \sigma_C(A_C + nA_S)$$

$$\sigma_C = \frac{P}{A_C + nA_S} = \frac{1500 \times 10^3}{(2.46 \times 10^5) + 10.0 \times 400} = 5.24\,\text{N/mm}^2$$

$$\sigma_S = n\sigma_C = 10.0 \times 5.24 = 52.4\,\text{N/mm}^2$$

(2)　部材の縮み量

$$\varepsilon = \frac{\delta}{L} = \frac{\sigma_C}{E_C} \rightarrow \delta = \frac{\sigma_C L}{E_C} = \frac{5.24 \times 1500}{2.1 \times 10^4} = 3.74 \times 10^{-1}\,\text{mm}$$

・・

演習問題

8.1　[垂直応力度 (1)] 問図 8.1 のような引張力 P が断面積 $A = 2500\,\text{mm}^2$ $(25\,\text{cm}^2)$ の部材に作用している．断面内に生じている引張応力度を求めよ．

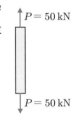

問図 8.1

8.2　[垂直応力度 (2)] 問図 8.2 のような圧縮力 P がコンクリート圧縮試験体に作用している．断面内に生じている圧縮応力度を求めよ．

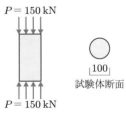

問図 8.2

8.3 ［応力度とモールの応力円］問図 8.3 の部材に引張力 P が作用している場合について，つぎの各問に答えよ．

(1) A–A 断面における垂直応力度 σ_θ とせん断応力度 τ_θ を，$\theta = 45°$ について求めよ．

(2) (1)で求めた応力度をモールの応力円上に示せ．

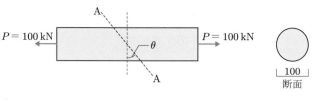

問図 8.3

8.4 ［応力度の計算］問図 8.4 (a)に示すような，断面が $300 \times 300\,\mathrm{mm}$ の部材に，引張力 $2700\,\mathrm{kN}$ が作用している．このとき，断面 A–A，B–B，C–C，それぞれに生じる垂直応力度 σ，せん断応力度 τ を求めよ．また各断面応力度は，図(b)に示すモールの応力円上の点①～⑤のうち，どの点にあたるか．

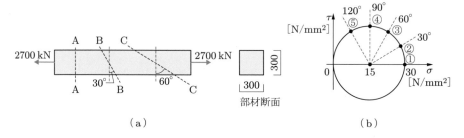

問図 8.4

8.5 ［応力度とひずみ度］問図 8.5 の部材に引張力 $P = 500\,\mathrm{kN}$ が作用している場合について，つぎの各問に答えよ．

(1) 断面の垂直応力度が $\sigma = 80\,\mathrm{N/mm^2}$ となるような断面の寸法 d を求めよ．

(2) ヤング係数が $E = 2.1 \times 10^4\,\mathrm{N/mm^2}$ であるときのひずみ度 ε_1，伸び量 ΔL を求めよ．

(3) 材軸直角方向のひずみ度 ε_2 および縮み量 Δd を求めよ．ただし，ポアソン比 $= 0.30$ とする．

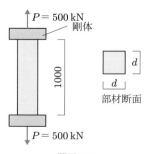

問図 8.5

8.6　［合成断面のひずみ度］問図 8.6 に示すような鉄筋
　　　コンクリート部材に，圧縮力 $P = 2700\,\text{kN}$ が作用
　　　している．このときつぎの各問に答えよ．

(1)　ひずみ度 ε と縮み量 ΔL はいくらか．

(2)　図の部材断面を $220 \times 220\,\text{mm}$ に縮小した．
　　　この断面に圧縮力 $P = 2700\,\text{kN}$ を作用させた
　　　とき，ほぼ問 (1) と同じひずみ度にするために
　　　は，鉄筋をあと何本増やせばよいか．つぎの三
　　　つから選択せよ．

　　　①　おおよそ 1 本
　　　②　おおよそ 5 本
　　　③　おおよそ 9 本

ただし，ヤング係数などは以下による．

鉄筋　　　　　　$E_S : 2.1 \times 10^5\,\text{N/mm}^2$
コンクリート　$E_C : 2.1 \times 10^4\,\text{N/mm}^2$
鉄筋断面積（一本あたり）$A_s : 200\,\text{mm}^2$

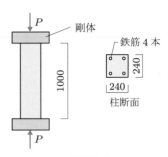

問図 8.6

第 9 章 | 部材断面の性質

　第7章までに学んできた構造力学においては，構造部材は線材として大きさ（形状と寸法）をもっていないものと仮定してきた．本章以降では，構造部材の断面の大きさを考慮して，部材に生じている応力度，ひずみ度，さらに構造物の変形を考えていく．

　そのために，部材断面の形状と寸法に応じて定まる係数（断面の諸係数）を学ぶ．断面の諸係数としては，断面積，断面二次モーメント，断面係数，断面二次半径などがあげられる．

　また，断面には，断面二次モーメントが一番大きくなる方向である主軸が存在する．主軸は，構造部材を使用する方向を決めるうえで，大切な性質である．

　本章で扱う部材断面としては，正方形，長方形，円形，T形，H形などであり，建築分野で多く用いられているこれらの断面を対象とする．また，これら部材の材料としては，建築で常用されている鋼材とコンクリートを想定している．

フランス・パリ〈エッフェル塔〉
鉄骨造トラス構造の塔（1887年竣工）

9.1　構造部材の断面

　図 9.1 のように，長方形断面の軸方向に力が作用する図(a)と図(b)を比較すると，同じ材料を用いていれば(b)のほうが大きい力に耐えることは，自明のことである．このように断面の形状に応じて，部材の保有している強さが異なってくる．

　対象としている建築構造物の代表的な部材断面は，正方形，長方形，円形，T 形，H 形（I 形），中空角形断面などであり，その例を図 9.2 に示す．本章では，これらの部材断面がどのような部材応力に耐えられるかを検討するために，部材断面の力学的性質を学ぶ．

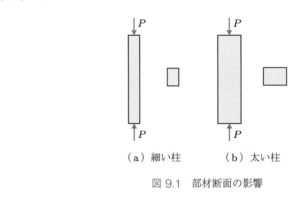

（a）細い柱　　　（b）太い柱

図 9.1　部材断面の影響

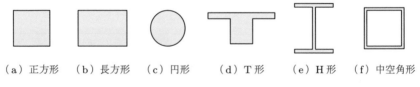

（a）正方形　　（b）長方形　　（c）円形　　（d）T 形　　（e）H 形　　（f）中空角形

図 9.2　構造部材断面の例

9.2　断面積

　構造部材断面の面積を断面積（area）$A\,[\mathrm{mm}^2]$ とよぶ．断面積は，一般的に計算される面積と同じであり，m^2，cm^2，mm^2 の単位をもつが，本書では mm^2 を主として使用する．

(1) 定義（図 9.3）

　断面積は，微小面積 dA を図形の領域 A 全体にわたって積分したものである．

$$A = \int_A dA \tag{9.1}$$

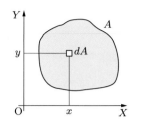
図 9.3 断面積

図 9.4 長方形の断面積

図 9.5 円形の断面積

ここに, A：断面積 $[\mathrm{mm}^2]$

dA：微小面積 $[\mathrm{mm}^2]$

(2) 長方形の断面積（図 9.4）

$$A = B \times D \tag{9.2}$$

ここに, B：幅 $[\mathrm{mm}]$

D：高さ $[\mathrm{mm}]$

(3) 円形の断面積（図 9.5）

$$A = \frac{\pi}{4}D^2 = \pi r^2 \tag{9.3}$$

ここに, D：直径（$= 2r$）$[\mathrm{mm}]$

r：半径

(4) H 形断面（図 9.6）

H 形断面のように, いくつかの長方形から成り立っているものは, 長方形に区分して計算する.

$$A_1 = B \times T_1, \qquad A_2 = D_1 \times T_2$$
$$A = \sum A_i = 2A_1 + A_2 \tag{9.4}$$

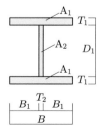

図 9.6 H 形の断面積

9.3　断面一次モーメントと図心

断面一次モーメント（moment of area）$S\,[\mathrm{mm}^3]$ は，断面積に図心（centroid）までの距離を掛けて算定するものであり，図心位置を計算するのに用いられる.

（1）断面一次モーメントの定義（図 9.7）

断面一次モーメントは，X 軸または Y 軸まわりを考えて，微小面積に原点からの距離 dy または dx を掛けて，図形の領域 A 全体に積分したものである.

$$S_x = \int_A y\,dA, \qquad S_y = \int_A x\,dA \tag{9.5}$$

ここに，S_x：X 軸まわりの断面一次モーメント $[\mathrm{mm}^3]$

$\qquad\quad S_y$：Y 軸まわりの断面一次モーメント $[\mathrm{mm}^3]$

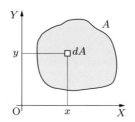

図 9.7　断面一次モーメント

（2）図心（図 9.8）

平面図形において断面の面積的な中心を図心という. 厚さと面積あたりの重量が一様な図形であれば，図心は重心と一致する.

図心 G を通る軸まわりの断面一次モーメントは 0 になる. X 軸まわりの断面一次モーメントは，$y = y_0 + y'$ と図心の X_0 軸まわりの断面一次モーメントが 0 の条件 $\left(\int_A y'dA = 0 \right)$ により，次式のように求められる.

$$S_x = \int_A y\,dA = \int_A (y_0 + y')\,dA = y_0 \int_A dA + \int_A y'dA = y_0 A$$

同様に Y 軸についても計算すると，

$$S_x = y_0 A, \qquad S_y = x_0 A \tag{9.6}$$

となり，式(9.6)を利用して図心位置 (x_0, y_0) を求めることができる.

図心の性質としては，つぎのようなものとなる.

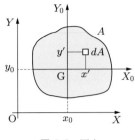

図 9.8 図心

- 図心を通る軸まわりの断面一次モーメントは 0 になる.
- 図心とは,その点を通る任意の軸まわりの断面一次モーメントが 0 の点である.
- 断面に対称軸がある場合には,図心はその軸上にある.

(3) 不規則な断面(図 9.9)

不規則な形状の図形においては,図形を小部分(通常は長方形)に分割して,各部分の面積 A_i と図心位置 (x_i, y_i) を用いて,

$$S_x = \sum A_i y_i, \qquad S_y = \sum A_i x_i \tag{9.7}$$

より,X,Y 軸についての断面一次モーメントを計算する.

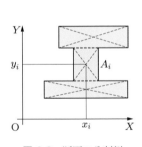

図 9.9 断面の分割例

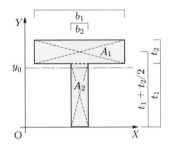

図 9.10 T 形断面

図心位置 (x_0, y_0) は全体断面積 A を用いて,

$$x_0 = \frac{S_y}{A}, \qquad y_0 = \frac{S_x}{A} \tag{9.8}$$

より求めることができる.

(4) T 形断面の断面一次モーメント(図 9.10)

T 形断面の X 軸まわりの断面一次モーメントは,断面が A_1 と A_2 の 2 断面から構成されるので,次式により計算される.

$$A_1 = b_1 \times t_2, \qquad A_2 = b_2 \times t_1, \qquad A = A_1 + A_2$$
$$S_x = A_1 \times \left(t_1 + \frac{t_2}{2} \right) + A_2 \times \frac{t_1}{2}, \qquad y_0 = \frac{S_x}{A} \qquad (9.9)$$

なお，Y 軸まわりの図心は，この断面形が左右対称であるので，断面の対称軸上にある．

9.4　断面二次モーメント

断面二次モーメント（moment of inertia）$I\,[\mathrm{mm}^4]$ は，断面の曲がりにくさ（曲げ剛性）を表す係数である．これを用いて，構造部材の曲げ変形（第 11 章参照）や座屈強度（10.7 節参照）を算定する．

（1）断面二次モーメントの定義

$$I_x = \int_A y^2 dA, \qquad I_y = \int_A x^2 dA \qquad (9.10)$$

ここに，I_x：X 軸まわりの断面二次モーメント $[\mathrm{mm}^4]$

I_y：Y 軸まわりの断面二次モーメント $[\mathrm{mm}^4]$

一般的な断面二次モーメントは，図 9.11 において $y = y_0 + y'$ から断面二次モーメントを求めると，次式のようになる．

$$I_x = \int_A y^2 dA = \int_A (y_0 + y')^2 dA = y_0{}^2 \int_A dA + 2y_0 \int_A y' dA + \int_A y'^2 dA$$
$$= I_{x0} + y_0{}^2 A$$

ここに，$y_0{}^2 \displaystyle\int_A dA = y_0{}^2 A$　（A は断面積）

$2y_0 \displaystyle\int_A y' dA = 0$　（図心まわりの断面一次モーメント $= 0$）

$\displaystyle\int_A y'^2 dA = I_{x_0}$　（図心まわりの断面二次モーメント）

すなわち，X，Y 軸まわりの断面二次モーメント I_x，I_y と，図心を通る X_0，Y_0 軸まわりの断面二次モーメント I_{x_0}，I_{y_0} との関係はつぎのようになる．

$$I_x = I_{x_0} + y_0{}^2 A, \qquad I_y = I_{y_0} + x_0{}^2 A \qquad (9.11)$$

ここに，I_{x_0}：図心を通る X_0 軸まわりの断面二次モーメント

I_{y_0}：図心を通る Y_0 軸まわりの断面二次モーメント

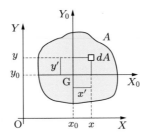

図 9.11　断面二次モーメント

x_0：図心の X 座標

y_0：図心の Y 座標

A：断面積

　断面二次モーメントは，式(9.11)によれば，図心を通る軸まわりでは x_0 と y_0 が 0 の値となるため，最小値となる.

(2) 長方形の断面二次モーメント（図 9.12）

　長方形断面の図心を通る X_0 軸まわりの断面二次モーメントは，断面の幅 B が一定値であり，$dA = Bdy$ から以下のように計算される.

$$I_{x_0} = \int_A y^2 \, dA = B \int_{-\frac{D}{2}}^{\frac{D}{2}} y^2 \, dA = 2B \int_0^{\frac{D}{2}} y^2 \, dA$$

$$= 2B \left[\frac{y^3}{3} \right]_0^{\frac{D}{2}} = 2B \frac{D^3}{24} = \frac{1}{12} BD^3$$

同様に，直交する図心軸 Y_0 軸についても求めると，以下のようになる.

$$I_{x_0} = \frac{1}{12} BD^3, \qquad I_{y_0} = \frac{1}{12} DB^3 \tag{9.12}$$

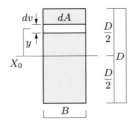

図 9.12　長方形断面の I

（3）円形断面の断面二次モーメント（図 9.13）

直径 $D = 2r$ として，つぎのように表せる．

$$I = \frac{\pi}{64}D^4 = \frac{\pi}{4}r^4 \tag{9.13}$$

図 9.13　円形断面の I

（4）不規則な形状の場合

不規則な形状の図形においては，断面一次モーメントの場合と同様に，図形を小部分に分割して，各部分の面積 A_i と図心位置 (x_i, y_i) から，その部分の図心まわり断面二次モーメント $I_{x_{0i}}$ と $I_{y_{0i}}$ を用いて，

$$I_x = \sum (A_i y_i{}^2 + I_{x_{0i}}), \qquad I_y = \sum (A_i x_i{}^2 + I_{y_{0i}}) \tag{9.14}$$

より断面二次モーメントを計算する．

参考　**円形断面の断面二次モーメントの算定**

図 9.14 にある微小面積 dA を，θ を用いて積分する．

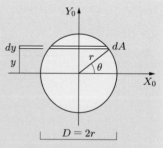

$$y = r \sin\theta$$

$$\frac{dy}{d\theta} = r\cos\theta$$

$$dy = r\cos\theta \cdot d\theta$$

$$dA = 2r\cos\theta \cdot dy = 2r^2\cos^2\theta \cdot d\theta$$

図心まわりの断面二次モーメント I は，

図 9.14　円形断面の I

$$I = \int y^2\,dA = 4r^4 \int_0^{\frac{\pi}{2}} \sin\theta^2\cos\theta^2\,d\theta = \frac{1}{2}r^4 \int_0^{\frac{\pi}{2}} (1 - \cos 4\theta)\,d\theta$$

$$= \frac{1}{2}r^4 \left[\theta - \frac{\sin 4\theta}{4} \right]_0^{\frac{\pi}{2}} = \frac{1}{2}r^4 \left(\frac{\pi}{2} \right) = \frac{1}{4}\pi r^4 = \frac{1}{64}\pi D^4$$

となる．上式ではつぎの三角関数の関係を利用している．

$$\sin^2\theta\cos^2\theta = (\sin\theta\cos\theta)^2 = \left(\frac{1}{2}\sin 2\theta \right)^2 = \frac{1}{4}\sin^2 2\theta$$

$$= \frac{1}{8}(1 - \cos 4\theta)$$

9.5 断面係数

断面係数 （section modulus） $Z \, [\mathrm{mm}^3]$ は，部材の曲げモーメントにより生じる曲げ応力度を計算するのに用いる.

(1) 断面係数の定義 （図 9.15）

$$Z_{x_1} = \frac{I_x}{y_1}, \qquad Z_{x_2} = \frac{I_x}{y_2} \tag{9.15}$$

ここに，I_x：図心 x_0 軸まわりの断面二次モーメント $[\mathrm{mm}^4]$

$\qquad Z_{x_1}$：y_1 側（上側）の断面係数 $[\mathrm{mm}^3]$

$\qquad Z_{x_2}$：x_2 側（下側）の断面係数 $[\mathrm{mm}^3]$

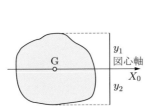

図 9.15　断面係数

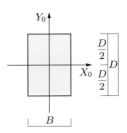

図 9.16　長方形断面の Z

(2) 長方形の断面係数 （図 9.16）

長方形断面の断面係数は，つぎのようになる.

$$\left. \begin{array}{l} Z_x = \dfrac{I_x}{D/2} = \dfrac{1}{6} B D^2 \; (= Z_{x_1} = Z_{x_2}) \\[3mm] Z_y = \dfrac{I_y}{B/2} = \dfrac{1}{6} D B^2 \; (= Z_{y_1} = Z_{y_2}) \end{array} \right\} \tag{9.16}$$

ここに，Z_x：図心 X_0 軸まわりの断面係数 $[\mathrm{mm}^3]$

$\qquad Z_y$：図心 Y_0 軸まわりの断面係数 $[\mathrm{mm}^3]$

(3) 円形断面の断面係数 （図 9.17）

$$I = \frac{\pi}{64} D^4, \qquad Z_x = Z_y = \frac{I}{D/2} = \frac{\pi}{32} D^3 = \frac{\pi}{4} r^3 \tag{9.17}$$

(4) 鋼管断面の断面係数 （中空円形断面）（図 9.18）

$$I = \frac{\pi}{64} (D^4 - d^4), \qquad Z_x = Z_y = \frac{I}{D/2} = \frac{\pi (D^2 - d^2)}{32 D} \tag{9.18}$$

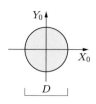

図 9.17 円形断面の Z

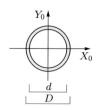

図 9.18 鋼管断面の Z

例題 9.1 長方形断面の断面性能

図(a)の長方形断面について，つぎの各問に答えよ．

(1) X 軸，Y 軸について，それぞれの断面一次モーメント S_x, S_y を求めよ．

(2) 図心位置 (x_0, y_0) を求めよ．

(3) X 軸，Y 軸について，それぞれの断面二次モーメント I_x, I_y を求めよ．

(4) 図心を通り X 軸，Y 軸に平行な軸について，それぞれの断面係数 Z_x, Z_y を求めよ．

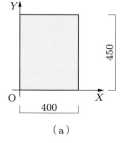

（a）

解答

断面積 $A = 400 \times 450 = 1.80 \times 10^5 \,\mathrm{mm}^2$

(1) 断面一次モーメント

$$S_x = Ay_0 = (1.80 \times 10^5) \times \frac{450}{2} = 4.05 \times 10^7 \,\mathrm{mm}^3$$

$$S_y = Ax_0 = (1.80 \times 10^5) \times \frac{400}{2} = 3.60 \times 10^7 \,\mathrm{mm}^3$$

(2) 図心位置（図(b)）：対称断面であり図心位置は明らかであるが，断面一次モーメント S との関係を確認してみる．

$$x_0 = \frac{S_y}{A} = \frac{3.60 \times 10^7}{1.80 \times 10^5} = 200 \,\mathrm{mm}$$

$$y_0 = \frac{S_x}{A} = \frac{4.05 \times 10^7}{1.80 \times 10^5} = 225 \,\mathrm{mm}$$

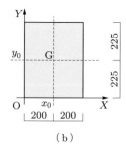

（b）

(3) 断面二次モーメント

$$I_{x_0} = \frac{1}{12}BD^3 = \frac{400 \times (450)^3}{12} = 3.04 \times 10^9 \,\mathrm{mm}^4$$

$$I_{y_0} = \frac{1}{12}DB^3 = \frac{450 \times (400)^3}{12} = 2.40 \times 10^9 \,\mathrm{mm}^4$$

$$I_x = I_{x_0} + Ay_0{}^2 = 3.04 \times 10^9 + (1.80 \times 10^5) \times (225)^2 = 1.22 \times 10^{10} \,\mathrm{mm}^4$$

$$I_y = I_{y_0} + A{x_0}^2 = 2.40 \times 10^9 + (1.80 \times 10^5) \times (200)^2 = 9.60 \times 10^9 \text{ mm}^4$$

(4) 断面係数

$$Z_x = \frac{I_{x_0}}{y_1} = \frac{3.04 \times 10^9}{225} = 1.35 \times 10^7 \text{ mm}^3$$

$$Z_y = \frac{I_{y_0}}{x_1} = \frac{2.40 \times 10^9}{200} = 1.20 \times 10^7 \text{ mm}^3$$

例題 9.2 H 形断面の断面性能

図(a)の H 形断面について，つぎの各問に答えよ．

(1) X 軸，Y 軸について，それぞれの断面一次モーメント S_x，S_y を求めよ．

(2) 図心位置 (x_0, y_0) を求めよ．

(3) X 軸，Y 軸について，それぞれの断面二次モーメント I_x，I_y を求めよ．

(4) 図心を通り X 軸，Y 軸に平行な軸について，それぞれの断面係数 Z_x，Z_y を求めよ．

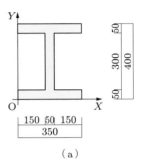

（a）

解答

三つの部分の断面積を図(b)のように $A_1 \sim A_3$ として求める．

$$A_1 = A_3 = 350 \times 50 = 1.75 \times 10^4 \text{ mm}^2$$

$$A_2 = 50 \times 300 = 1.50 \times 10^4 \text{ mm}^2$$

全体断面積 $A = 5.00 \times 10^4 \text{ mm}^2$

（b）

(1) 断面一次モーメント

$$S_x = \sum A_i y_i = A_1 y_1 + A_2 y_2 + A_3 y_3$$

$$= (1.75 \times 10^4) \times 375 + (1.50 \times 10^4) \times 200 + (1.75 \times 10^4) \times 25$$

$$= 1.00 \times 10^7 \text{ mm}^3$$

$$S_y = \sum A_i x_i = A_1 x_1 + A_2 x_2 + A_3 x_3$$

$$= (1.75 \times 10^4) \times 175 \times 2 + (1.50 \times 10^4) \times 175 = 8.75 \times 10^6 \text{ mm}^3$$

(2) 図心位置（G）

$$x_0 = \frac{S_y}{A} = \frac{8.75 \times 10^6}{5.00 \times 10^4} = 175\,\text{mm}, \qquad y_0 = \frac{S_x}{A} = \frac{1.0 \times 10^7}{5.0 \times 10^4} = 200\,\text{mm}$$

(3)　断面二次モーメント

$$I_{x_0} = \frac{1}{12}BD^3 = \frac{350 \times (400)^3}{12} - \frac{150 \times (300)^3}{12} \times 2 = 1.19 \times 10^9\,\text{mm}^4$$

$$I_{y_0} = \frac{1}{12}DB^3 = \frac{50 \times (350)^3}{12} \times 2 + \frac{300 \times (50)^3}{12} = 3.60 \times 10^8\,\text{mm}^4$$

$$I_x = I_{x_0} + A{y_0}^2 = 1.19 \times 10^9 + (5.00 \times 10^4) \times (200)^2 = 3.19 \times 10^9\,\text{mm}^4$$

$$I_y = I_{y_0} + A{x_0}^2 = 3.60 \times 10^8 + (5.00 \times 10^4) \times (175)^2 = 1.89 \times 10^9\,\text{mm}^4$$

(4)　断面係数

$$Z_x = \frac{I_{x_0}}{y_2} = \frac{1.19 \times 10^9}{200} = 5.95 \times 10^6\,\text{mm}^3$$

$$Z_y = \frac{I_{y_0}}{x_2} = \frac{3.60 \times 10^8}{175} = 2.06 \times 10^6\,\text{mm}^3$$

- -

例題 9.3　円形断面の断面性能

　図の円形断面について，つぎの各問に答えよ．

(1)　X 軸，Y 軸についてそれぞれの断面二次モーメント I_x，I_y を求めよ．

(2)　図心を通る X 軸，Y 軸に関する断面係数 Z を求めよ．

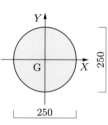

解答　- -

　　半径　$r = 125\,\text{mm}$

　　断面積　$A = \pi r^2 = 3.14 \times (125)^2 = 4.91 \times 10^4\,\text{mm}^2$

(1)　断面二次モーメント：断面二次モーメントは X，Y 軸が対称であるので同じ値となる．

$$I_x = I_y = \frac{\pi}{4}r^4 = \frac{3.14}{4} \times (125)^4 = 1.92 \times 10^6\,\text{mm}^4$$

(2)　断面係数

$$Z = \frac{I_x}{r} = \frac{\pi}{4}r^3 = \frac{3.14}{4} \times (125)^3 = 1.53 \times 10^6\,\text{mm}^3$$

- -

　T 形断面の断面性能

図(a)の T 形断面について，つぎの各問に答えよ．

(1)　X 軸，Y 軸に対する図心位置 (x_0, y_0) を求めよ．

(2)　X_0 軸，Y_0 軸について，それぞれの断面二次モーメント I_{x_0}，I_{y_0} を求めよ．

(3)　図心を通る X_0 軸に関する断面係数 Z_{x_0} を求めよ．

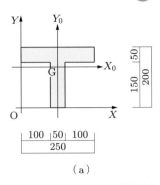

（a）

解答

二つの部分に分けて断面積 A_1 と A_2 を求める．

$$A_1 = 250 \times 50 = 1.25 \times 10^4 \, \text{mm}^2$$

$$A_2 = 50 \times 150 = 7.5 \times 10^3 \, \text{mm}^2$$

全体断面積　$A = 1.25 \times 10^4 + 7.5 \times 10^3 = 2.00 \times 10^4 \, \text{mm}^2$

(1)　図心位置（G）（図(b)）

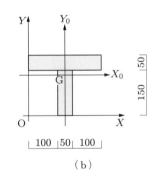

（b）

$$\begin{aligned}
S_y &= A_1 x_1 + A_2 x_2 \\
&= (1.25 \times 10^4) \times 125 + (7.5 \times 10^3) \times 125 \\
&= 2.50 \times 10^6 \, \text{mm}^3
\end{aligned}$$

$$x_0 = \frac{S_y}{A} = \frac{2.50 \times 10^6}{2.00 \times 10^4} = 125 \, \text{mm}$$

$$\begin{aligned}
S_x &= A_1 y_1 + A_2 y_2 \\
&= (1.25 \times 10^4) \times 175 + (7.5 \times 10^3) \times 75 \\
&= 2.75 \times 10^6 \, \text{mm}^3
\end{aligned}$$

$$y_0 = \frac{S_x}{A} = \frac{2.75 \times 10^6}{2.00 \times 10^4} = 138 \, \text{mm}$$

左右対称の条件により，$x_0 = 125 \, \text{mm}$ としてもよい．

(2)　断面二次モーメント

$$\begin{aligned}
I_{x_0} &= \left\{ I_0 + A_1 (y_1 - y_0)^2 \right\} + \left\{ I_0 + A_2 (y_2 - y_0)^2 \right\} \\
&= \left\{ \frac{250 \times (50)^3}{12} + (1.25 \times 10^4) \times (175 - 138)^2 \right\} \\
&\quad + \left\{ \frac{50 \times (150)^3}{12} + (7.5 \times 10^3) \times (75 - 138)^2 \right\}
\end{aligned}$$

$$= (1.97 \times 10^7) + (4.38 \times 10^7) = 6.35 \times 10^7\,\mathrm{mm}^4$$

$$I_{y_0} = I_1 + I_2 = \frac{50 \times (250)^3}{12} + \frac{150 \times (50)^3}{12} = (6.51 \times 10^7) + (1.56 \times 10^6)$$

$$= 6.67 \times 10^7\,\mathrm{mm}^4$$

(3) 断面係数

$$Z_{x_0} = \frac{I_{x_0}}{y_0} = \frac{6.35 \times 10^7}{138} = 4.60 \times 10^5\,\mathrm{mm}^3$$

9.6 断面極二次モーメント

断面極二次モーメント（polar moment of inertia）$I_p\,[\mathrm{mm}^4]$ は，9.8 節に示す断面の主軸を検討するときに補助的に用いられる係数である．また，断面のねじれにくさ（ねじれ剛性）を表している．

(1) 断面極二次モーメントの定義（図 9.19）

微小面積の原点からの距離 r の 2 乗の積分値として定義される．

$$I_p = \int_A r^2\,dA \qquad (9.19)$$

$r^2 = x^2 + y^2$ より

$$I_p = \int_A y^2\,dA + \int_A x^2\,dA$$

$$= I_x + I_y$$

ここに，I_p：断面極二次モーメント $[\mathrm{mm}^4]$

結局，断面極二次モーメントは，X 方向と Y 方向の断面二次モーメントとの和として与えられる．

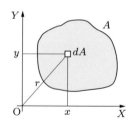

図 9.19 断面極二次モーメント

(2) 長方形断面の断面極二次モーメント

長方形のせいを D, 幅を B とすると,

$$I_p = \frac{1}{12}BD^3 + \frac{1}{12}DB^3$$

$$= \frac{1}{12}BD(D^2 + B^2) \tag{9.20}$$

として, 断面極二次モーメントが計算できる.

9.7 断面相乗モーメント

断面相乗モーメント (product moment of inertia) $I_{xy}\,[\mathrm{mm}^4]$ は, 断面の主軸を計算する際に必要となる係数である.

(1) 断面相乗モーメントの定義 (図 9.20)

微小面積の原点からの距離 x と y の積の積分値として定義される.

$$I_{xy} = \int_A xy\,dA \tag{9.21}$$

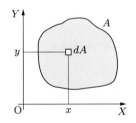

図 9.20 断面相乗モーメント

(2) 不規則な形状の場合

不規則な形状の図形においては, 図形を小部分に分割して, 各部分の面積 A_i および各図心位置 x_i, y_i を用いて

$$I_{xy} = \sum (A_i x_i y_i) \tag{9.22}$$

より断面相乗モーメントを計算する.

9.8 断面の主軸

(1) 主軸の定義

図心（G）を通る軸に関する断面相乗モーメントが 0 になるような直交した軸を，断面の主軸（principal axis）という．

図 9.21 の断面を考え，X, Y 軸において $(I_x,\ I_y,\ I_{xy})$，X', Y' 軸において $(I_x',\ I_y',\ I_{xy}')$ の断面の係数をもっているとする．

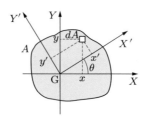

図 9.21 断面の主軸

また，X, Y 軸と X', Y' 軸の関係は，

$$x' = x\cos\theta + y\sin\theta, \qquad y' = -x\sin\theta + y\cos\theta$$

であり，I_x' を X, Y 軸に変換すると，つぎのようになる．

$$
\begin{aligned}
I_x' &= \int_A y'^2 dA = \int_A (-x\sin\theta + y\cos\theta)^2 dA \\
&= \int_A (x^2\sin^2\theta - 2xy\sin\theta\cos\theta + y^2\cos^2\theta)\, dA \\
&= I_y\sin^2\theta + I_x\cos^2\theta - 2I_{xy}\sin\theta\cos\theta \\
&= \frac{I_x + I_y}{2} + \frac{I_x - I_y}{2}\cos 2\theta - I_{xy}\sin 2\theta
\end{aligned}
\tag{9.23}
$$

同様に，

$$
\begin{aligned}
I_y' &= I_y\cos^2\theta + I_x\sin^2\theta + 2I_{xy}\sin\theta\cos\theta \\
&= \frac{I_x + I_y}{2} - \frac{I_x - I_y}{2}\cos 2\theta + I_{xy}\sin 2\theta
\end{aligned}
\tag{9.24}
$$

$$
\begin{aligned}
I_{xy}' &= \int_A x'y'\, dA = \int_A (x\cos\theta + y\sin\theta)(-x\sin\theta + y\cos\theta)\, dA \\
&= \int_A (-x^2\sin\theta\cos\theta + y^2\sin\theta\cos\theta + xy\cos^2\theta - xy\sin^2\theta)\, dA \\
&= -I_y\sin\theta\cos\theta + I_x\sin\theta\cos\theta + I_{xy}\cos^2\theta - I_{xy}\sin^2\theta
\end{aligned}
$$

$$= \sin\theta\cos\theta(I_x - I_y) + (\cos^2\theta - \sin^2\theta)I_{xy}$$

$$= \frac{I_x - I_y}{2}\sin 2\theta + I_{xy}\cos 2\theta \tag{9.25}$$

となる．よって，式 (9.23) と式 (9.24) から

$$I_x{}' + I_y{}' = I_x + I_y = I_p \tag{9.26}$$

となり，$(I_x{}' + I_y{}')$ は一定値 I_p となることがわかる．

$(I_x{}' + I_y{}')$ が一定値であれば，ある角度において $I_x{}'$ が最大値をとれば，$I_y{}'$ は最小値をとる．すなわち，「断面二次モーメントが最大値と最小値をとる角度の直交軸を，断面の主軸という」とも定義できる．

主軸の方向は，$I_x{}'$ が極値をもつように，θ で微分して 0 になる角度から決められる．式 (9.27) によれば，それは $I_{xy}{}'$ が 0 になる角度 θ でもある．

$$\frac{d}{d\theta}I_x{}' = \frac{d}{d\theta}(I_y\sin^2\theta + I_x\cos^2\theta - 2I_{xy}\sin\theta\cos\theta)$$

$$= -2I_y\sin\theta\cos\theta + 2I_{xy}(\cos^2\theta - \sin^2\theta) + 2I_x\sin\theta\cos\theta$$

$$= 2\left\{\sin\theta\cos\theta(I_x - I_y) + (\cos^2\theta - \sin^2\theta)I_{xy}\right\}$$

$$= 2I_{xy}{}' = 0 \tag{9.27}$$

$$I_{xy}{}' = \frac{I_x - I_y}{2}\sin 2\theta + I_{xy}\cos 2\theta = 0$$

$$\tan 2\theta = \frac{-2I_{xy}}{I_x - I_y} \tag{9.28}$$

となる．主軸まわりの断面二次モーメントとその角度は以下のようになる．

$$\left.\begin{array}{l} I_1 = \dfrac{I_x + I_y}{2} + \sqrt{\left(\dfrac{I_x - I_y}{2}\right)^2 + I_{xy}{}^2} \\[3mm] I_2 = \dfrac{I_x + I_y}{2} - \sqrt{\left(\dfrac{I_x - I_y}{2}\right)^2 + I_{xy}{}^2} \\[3mm] \tan 2\theta = -\dfrac{2I_{xy}}{I_x - I_y} \end{array}\right\} \tag{9.29}$$

(2) 主軸の性質
- 主軸においては，断面二次モーメントが最大となる軸と，それに直交して断面二次モーメントが最小となる軸が存在する．

- 断面に対称軸が存在する場合には，その軸に関する I_{xy} は 0 となるので，断面の対称軸は主軸の一つとなる．
- 正多角形や円のように，対称軸が複数ある断面では主軸方向も複数あることになる．
- 通常，構造部材は主軸方向に力を受けるような方向に使用される．

（3）主軸の例

代表的断面の主軸を図 9.22 に点線で示すが，正方形と中空角形断面（角形鋼管や箱型断面）の場合には 45° 傾いた軸も主軸であり，円形の場合には主軸方向は任意である．

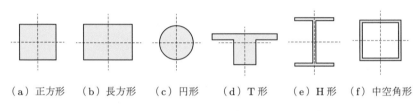

（a）正方形　（b）長方形　（c）円形　（d）T形　（e）H形　（f）中空角形

図 9.22　代表的断面の主軸（点線は主軸を示す）

9.9　断面二次半径

断面二次半径（section radius）i [mm] は，圧縮を受ける部材の座屈強度（10.7 節参照）を算定する場合に用いる．断面二次半径が大きいほど，部材は座屈しにくい．

（1）断面二次半径の定義

$$i_x = \sqrt{\frac{I_x}{A}}, \qquad i_y = \sqrt{\frac{I_y}{A}} \tag{9.30}$$

ここに，i_x：図心 X_0 軸まわりの断面二次半径 [mm]

$\quad\quad i_y$：図心 Y_0 軸まわりの断面二次半径 [mm]

$\quad\quad I_x$：図心 X_0 軸まわりの断面二次モーメント [mm^4]

$\quad\quad I_y$：図心 Y_0 軸まわりの断面二次モーメント [mm^4]

$\quad\quad A$：断面積 [mm^2]

(2) 長方形断面の断面二次半径（図 9.23）

$$\left.\begin{array}{l} i_x = \sqrt{\dfrac{BD^3/12}{BD}} = \dfrac{D}{\sqrt{12}} = 0.29D \\[3mm] i_y = \sqrt{\dfrac{DB^3/12}{BD}} = \dfrac{B}{\sqrt{12}} = 0.29B \end{array}\right\} \tag{9.31}$$

(3) 円形断面の断面二次半径（図 9.24）

$$i = \sqrt{\dfrac{\pi D^4/64}{\pi D^2/4}} = \sqrt{\dfrac{D^2}{16}} = \dfrac{D}{4} \tag{9.32}$$

(4) 鋼管断面の断面二次半径（図 9.25）

$$i = \sqrt{\dfrac{\pi(D^4 - d^4)/64}{\pi(D^2 - d^2)/4}} = \sqrt{\dfrac{D^2 + d^2}{16}} = \dfrac{1}{4}\sqrt{D^2 + d^2} \tag{9.33}$$

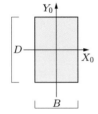
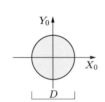
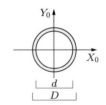

図 9.23 長方形断面の i 　図 9.24 円形断面の i 　図 9.25 鋼管断面の i

例題 9.5 長方形断面の断面性能

図の長方形断面について，つぎの各問に答えよ.

(1) 図心に関する断面二次半径 i_{x_0}，i_{y_0} を求めよ.

(2) 図心に関する断面極二次モーメント I_p を求めよ.

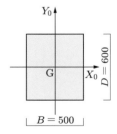

解答

断面積 　$A = 600 \times 500 = 3.00 \times 10^5 \, \text{mm}^2$

図心まわりの断面二次モーメントはつぎのようになる.

$$I_{x_0} = \dfrac{B \times D^3}{12} = \dfrac{500 \times (600)^3}{12} = 9.00 \times 10^9 \, \text{mm}^4$$

$$I_{y_0} = \frac{D \times B^3}{12} = \frac{600 \times (500)^3}{12} = 6.25 \times 10^9 \, \text{mm}^4$$

(1) 断面二次半径

$$i_{x_0} = \sqrt{\frac{I_{x_0}}{A}} = \sqrt{\frac{9.00 \times 10^9}{3.00 \times 10^5}} = 173 \, \text{mm}$$

$$i_{y_0} = \sqrt{\frac{I_{y_0}}{A}} = \sqrt{\frac{6.25 \times 10^9}{3.00 \times 10^5}} = 144 \, \text{mm}$$

(2) 断面極二次モーメント

$$I_p = I_{x_0} + I_{y_0} = 9.00 \times 10^9 + 6.25 \times 10^9 = 1.53 \times 10^{10} \, \text{mm}^4$$

・・・

例題 9.6 円形断面の断面性能

　図の円形断面について，つぎの各問に答えよ．

(1) X 軸，Y 軸について，それぞれの断面二次半径 i_x，i_y を
求めよ．

(2) 図心を通る主軸に関する断面極二次モーメント I_p を求
めよ．

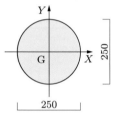

解答 ・・・

　　半径　$r = 125 \, \text{mm}$

　　断面積　$A = \pi r^2 = 3.14 \times (125)^2 = 4.91 \times 10^4 \, \text{mm}^2$

(1) 断面二次モーメントと断面二次半径

$$I_x = \frac{\pi r^4}{4} = \frac{3.14 \times (125)^4}{4} = 1.92 \times 10^8 \, \text{mm}^4$$

$$i_x = \sqrt{\frac{I_x}{A}} = \sqrt{\frac{1.92 \times 10^8}{4.91 \times 10^4}} = 62.5 \, \text{mm}$$

Y に対する断面形状は X 軸に対するものと同形なので，I_y は I_x と同値である．

$$I_y = 1.92 \times 10^8 \, \text{mm}^4$$

したがって，i_y は i_x と同値となり，$i_y = 62.5 \, \text{mm}$ となる．

(2) 断面極二次モーメント

$$I_p = I_x + I_y = (1.92 \times 10^8) \times 2 = 3.84 \times 10^8 \, \text{mm}^4$$

・・・

例題 9.7 H 形断面の断面性能

図の H 形断面について，つぎの各問に答えよ．

(1) X 軸，Y 軸について，それぞれの断面二次半径 i_x, i_y を求めよ．

(2) 図心を通る主軸に関する断面極二次モーメント I_p を求めよ．

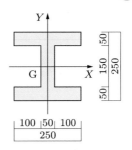

解答

三つの部分の断面積 $A_1 \sim A_3$ から断面積 A を求める．

$$A_1 = A_3 = 250 \times 50 = 1.25 \times 10^4 \, \text{mm}^2$$

$$A_2 = 50 \times 150 = 7.5 \times 10^3 \, \text{mm}^2$$

全体断面積　$A = 1.25 \times 10^4 \times 2 + 7.5 \times 10^3 = 3.25 \times 10^4 \, \text{mm}^2$

(1) 断面二次モーメントと断面二次半径

$$I_x = \frac{250 \times (250)^3}{12} - \frac{100 \times (150)^3}{12} \times 2 = 2.69 \times 10^8 \, \text{mm}^4$$

$$i_x = \sqrt{\frac{I_x}{A}} = \sqrt{\frac{2.69 \times 10^8}{3.25 \times 10^4}} = 91.0 \, \text{mm}$$

$$I_y = \frac{150 \times (50)^3}{12} + \frac{50 \times (250)^3}{12} \times 2 = 1.32 \times 10^8 \, \text{mm}^4$$

$$i_y = \sqrt{\frac{I_y}{A}} = \sqrt{\frac{1.32 \times 10^8}{3.25 \times 10^4}} = 63.7 \, \text{mm}$$

(2) 断面極二次モーメント

$$I_p = I_x + I_y = 2.69 \times 10^8 + 1.32 \times 10^8 = 4.01 \times 10^8 \, \text{mm}^4$$

演習問題

9.1 ［L 形断面の断面性能］問図 9.1 の L 形断面について，断面二次モーメント I_x と I_y を求めよ．

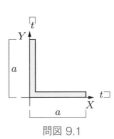

問図 9.1

9.2 [H 形断面の断面性能] 問図 9.2 に示す断面について，つ
ぎの各問に答えよ．ただし，X 軸，Y 軸と平行で (X_0, Y_0)
を通る軸を X_0 軸，Y_0 軸とする．

(1)　X 軸，Y 軸について，それぞれの断面一次モーメン
ト S_x，S_y を求めよ．

(2)　図心位置 G (X_0, Y_0) を求めよ．

(3)　X 軸，Y 軸について，それぞれの断面二次モーメン
ト I_x，I_y を求めよ．

(4)　X_0 軸，Y_0 軸について，それぞれの断面係数 Z_{x_0}，
Z_{y_0} を求めよ．

(5)　X_0 軸，Y_0 軸について，それぞれの断面二次半径 i_{x_0}，
i_{y_0} を求めよ．

(6)　図心に関する断面極二次モーメント I_p を求めよ．

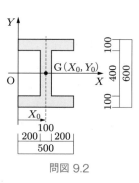

問図 9.2

9.3 [T 形断面の断面性能] 問図 9.3 の T 形梁部材断面におい
て，図心まわりの断面二次モーメント $I_{x_0}[\mathrm{mm}^4]$ および断
面係数 Z_t，$Z_c[\mathrm{mm}^3]$ を求めよ．

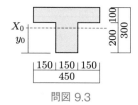

問図 9.3

9.4 [H 形断面の断面性能] 問図 9.4 の H 形梁部材断面において，
図心まわりの断面二次モーメント $I_{x_0}[\mathrm{mm}^4]$ および断面係数
$Z_t[\mathrm{mm}^3]$ を求めよ．

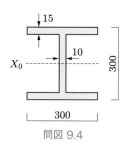

問図 9.4

9.5 [T 形断面の断面性能] 問図 9.5 の T 形断面について，
つぎの各問に答えよ．

(1)　X 軸，Y 軸に対する図心位置 (x_0, y_0) を求めよ．

(2)　X 軸，Y 軸についてそれぞれの断面二次半径 i_x，
i_y を求めよ．

(3)　図心を通る主軸に関する断面極二次モーメント I_p
を求めよ．

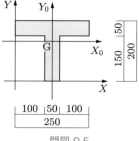

問図 9.5

第10章 部材断面の応力度と許容応力度設計

　本章では，一次元部材である線材を対象として，部材の断面に生じる応力度の性質について学ぶ．線材では，軸方向力 N，曲げモーメント M，せん断力 Q の3種類の部材応力がある．これに対応して，軸方向応力度 σ_c（圧縮）または σ_t（引張り），曲げ応力度 σ_b，せん断応力度 τ の3種類の応力度がある．これらの応力度を算定するためには，第9章「部材断面の性質」で学んだ部材断面の諸係数を用いる．

　曲げモーメントと軸方向力のように部材応力が同時に作用する場合には，二つ以上の応力度を考慮する必要があり，これを組み合わせ応力度という．また，圧縮力を受ける柱部材について，圧縮荷重を増大させていくと，ある荷重を超えると突然柱材中央部が横に大きく変形して崩壊してしまう．このような現象を座屈，そのときの荷重をオイラーの座屈荷重という．

　許容応力度設計法では，上記の各種応力度が，材料ごとに定まる許容応力度以下であるかを検討して，構造部材がその荷重に対して安全かどうかを確認する．

東京・京橋〈聖路加セントルークス・タワー〉
異なる用途の2本の超高層ビル

10.1 軸方向応力度

部材が断面の図心位置に作用する軸方向力 N を受けるとき,材軸に直角な断面に垂直応力度 σ を生じる.これを軸方向応力度とよび,応力度の正負に応じて σ_c(負:圧縮)または σ_t(正:引張り)という(図 10.1).すなわち,次式で表される.

$$\sigma = \frac{N}{A} \tag{10.1}$$

ここに,σ:軸方向応力度 $[\mathrm{N/mm^2}]$

A:部材の断面積 $[\mathrm{mm^2}]$

図 10.1 軸方向応力度

例題 10.1 軸方向応力度

図(a),(b)の部材断面が,軸方向に力 $P = 200\,\mathrm{kN}$ を受けるとき,柱材に生じている軸方向応力度はいくらか.

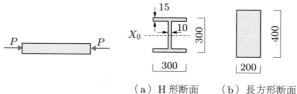

(a)H 形断面 (b)長方形断面

解答

(1) H 形断面(図(a))

部材の断面積 $A = 15 \times 300 \times 2 + 10 \times (300 - 30) = 1.17 \times 10^4\,\mathrm{mm^2}$

軸方向応力度 $\sigma_c = \dfrac{200 \times 10^3}{1.17 \times 10^4} = 17\,\mathrm{N/mm^2}$

(2) 長方形断面(図(b))

部材の断面積 $A = 400 \times 200 = 8.0 \times 10^4\,\mathrm{mm^2}$

軸方向応力度 $\sigma_c = \dfrac{200 \times 10^3}{8.0 \times 10^4} = 2.5\,\mathrm{N/mm^2}$

10.2 曲げ応力度

部材が曲げモーメント M の作用を受けると，断面内では中立軸（neutral axe）を境に一方は伸び，もう一方は縮んで，部材全体は反り返ることになる．中立軸を含む面（中立面）は伸縮しないで，反り返るのみである（図 10.2）．

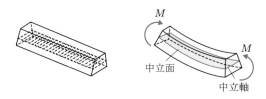

図 10.2　曲げモーメントが作用する部材

曲げモーメントを受ける部材の応力度を求めるためには，平面保持を仮定する．平面保持の仮定は，「材軸に直角な断面は，曲げモーメントにより変形した後も材軸に直角な平面を保持する」というものであり，一定の曲げモーメントを受ける場合（純曲げ）以外では，近似的に成立する有用な解析仮定となる．

この仮定を用いると，曲げモーメントが作用すると微小距離 dx 離れた断面は，変形後に $d\varphi$ だけ傾き，軸方向ひずみと曲げ応力度（bending stress）を生じることになる．

図 10.3 に示すように，曲げモーメントが断面の主軸まわりに作用している場合には，

ρ：曲率半径

y：中立軸から微小面積 dA までの距離

dA：距離 y の微小面積

ε：距離 y のひずみ度

σ：距離 y の曲げ応力度

E：材料のヤング係数

とすると，フックの法則により

$$\sigma = E\varepsilon = E\frac{ds}{dx}$$

となり，さらに幾何学的関係 $ds/y = dx/\rho$ により，つぎのようになる．

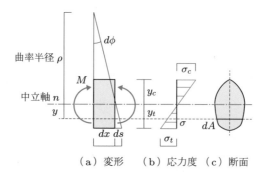

図 10.3 曲げ応力度

$$\sigma = E\frac{y}{\rho} \tag{10.2}$$

中立軸 n まわりの曲げモーメントは,

$$M = \int_{-y_t}^{y_c} (\sigma dA)y = \int_{-y_t}^{y_c} \sigma y dA = \int_{-y_t}^{y_c} E\frac{y^2}{\rho}dA = \frac{E}{\rho}\int_{-y_t}^{y_c} y^2 dA = \frac{E}{\rho}I$$

となり, $\sigma = E(y/\rho)\ (E/\rho = \sigma/y)$ から,

$$M = \frac{I}{y}\sigma$$

となる. よって, 次式のように表せる.

$$\sigma = \frac{M}{I}y = \frac{M}{I/y} \tag{10.3}$$

曲げ応力度 σ は, 断面内の距離 y に比例しており, 中立軸位置 $(y = 0)$ では応力度は 0 となる. 上下端部では次式となる.

$$\left.\begin{array}{l} \sigma_t = \dfrac{M}{I/y_t} = \dfrac{M}{Z_t} \\[3mm] \sigma_c = -\dfrac{M}{I/y_c} = -\dfrac{M}{Z_c} \end{array}\right\} \tag{10.4}$$

すなわち, 最大曲げ応力度は曲げモーメントを断面係数で割ったものとなり, その単位は N·mm/mm³ = N/mm² となる. 曲げモーメントの単位は, kN·m で計算することが多いが, 応力度に関係したときは N と mm 系に換算する必要がある. また, 曲率 $1/\rho$ と dx 間の傾き $d\phi$ は次式となる.

$$\frac{1}{\rho} = \frac{M}{EI} \tag{10.5}$$

$$d\phi = \frac{dx}{\rho} = \frac{M}{EI}dx \tag{10.6}$$

例題 10.2　長方形断面の曲げ応力度

図(a)の長方形断面梁の最大曲げ応力度が $\sigma = 100\,\text{N/mm}^2$ であるとき，つぎの各問に答えよ．

(1)　梁に作用している等分布荷重 w を求めよ．

(2)　支点間中央の梁断面の A 点に生じる曲げ応力度を求めよ．

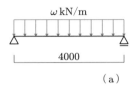
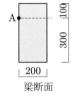

（a）

解答

等分布荷重より最大曲げモーメントが計算され，最大曲げモーメントより最大曲げ応力度が計算できるので，それを逆に計算する．

(1)　等分布荷重

$$M_{\max} = \frac{wL^2}{8}, \quad M_{\max} = \sigma_t Z_t \text{ より，} \quad \frac{wL^2}{8} = \sigma_t \frac{bh^2}{6}$$

$$w = \sigma_t \frac{bh^2}{6}\frac{8}{L^2} = 100 \times \frac{200 \times (400)^2}{6} \times \frac{8}{(4000)^2}$$

$$= 26.7\,\text{N/mm} = 26.7\,\text{kN/m}$$

(2)　曲げ応力度（図(b)）（$y_A = 100\,\text{mm}$）

$$\sigma_A = \frac{M_{\max}}{I_0}y_A = \frac{wL^2/8}{bh^3/12}y_A = \frac{26.7 \times (4000)^2/8}{200 \times (400)^3/12} \times 100$$

$$= 50.0\,\text{N/mm}^2\,\text{（圧縮）}$$

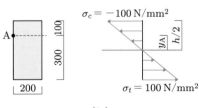

（b）

例題 10.3　T 形断面の曲げ応力度

　図(a)の T 形断面梁について，支点間中央の梁断面の最大曲げ引張応力度 σ_t および最大曲げ圧縮応力度 σ_c [N/mm²] を求めよ.

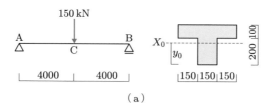

（a）

解答　・・

　演習問題 9.3 より，つぎのように求められる.

　　断面二次モーメント　$I_{x_0} = 5.43 \times 10^8 \text{ mm}^4$

　　断面係数　$Z_t = 2.86 \times 10^6 \text{ mm}^3$,　　$Z_c = 4.93 \times 10^6 \text{ mm}^3$

最大曲げ応力度（図(b)）

$$M_{\max} = \frac{PL}{4} = \frac{150 \times 8.0}{4} = 300 \text{ kN·m} = 3.00 \times 10^8 \text{ N·mm}$$

$$\sigma_t = \frac{M_{\max}}{Z_t} = \frac{3.00 \times 10^8}{2.86 \times 10^6} = 105 \text{ N/mm}^2 \text{（引張り）}$$

$$\sigma_c = \frac{M_{\max}}{Z_c} = \frac{3.00 \times 10^8}{4.93 \times 10^6} = 60.8 \text{ N/mm}^2 \text{（圧縮）}$$

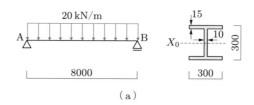

（b）

・・

例題 10.4　H 形断面の曲げ応力度

　図(a)の H 形断面梁について，等分布荷重 w（20 kN/m）により生じる最大曲げモーメント $M_{\max}$ [kN·m] と最大曲げ引張応力度 σ_t [N/mm²] を求めよ.

（a）

解答 ・・・

演習問題 9.4 より，つぎのように求められる．

断面二次モーメント　$I_{x_0} = 2.00 \times 10^8\,\mathrm{mm}^4$

断面係数　$Z_t = 1.33 \times 10^6\,\mathrm{mm}^3$

最大モーメントと曲げ応力度（図(b)）

$$M_{\max} = \frac{wL^2}{8} = \frac{20 \times 8.00^2}{8} = 160\,\mathrm{kN \cdot m} = 160 \times 10^6\,\mathrm{N \cdot mm}$$

$$\sigma_t = \frac{M_{\max}}{Z_t} = \frac{160 \times 10^6}{1.33 \times 10^6} = 120\,\mathrm{N/mm}^2$$

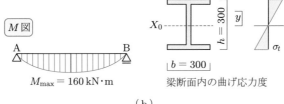

（b）

・・・

10.3　せん断応力度

　部材にせん断力 Q が作用しているときには，曲げモーメント M は変化する．M と Q の関係は，$dM/dx = Q$ で表される（図 10.4）．

　図 10.5 に示すように，

　　　y：中立軸からの距離

　　　b：距離 y の断面幅

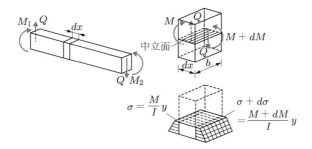

図 10.4　せん断力を受ける部材

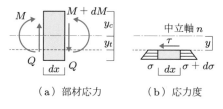

（a）部材応力　　　（b）応力度

図 10.5　せん断応力度

τ：距離 y のせん断応力度

S：距離 y から y_t の断面一次モーメント

σ：距離 y の曲げ応力度

I：断面二次モーメント

とすると，中立軸から y の位置の曲げ応力度 σ は $\sigma = (M/I)y$ であり，y から y_t 間の σ の合力は

$$左側\ N_L = -\int_y^{y_t} \sigma \, dA$$

$$右側\ N_R = \int_y^{y_t} (\sigma + d\sigma) \, dA$$

$$上側\ N_U = -\tau b \, dx$$

であり，三つの力の釣り合いから次式となる.

$$N_L + N_R + N_U = \int_y^{y_t} d\sigma \, dA - \tau b \, dx = 0 \tag{10.7}$$

$$\tau = \frac{1}{b} \int_y^{y_t} \frac{d\sigma}{dx} \, dA$$

また，

$$\frac{d\sigma}{dx} = \frac{d}{dx}\left(\frac{M}{I}y\right) = \frac{y}{I}\frac{dM}{dx} = \frac{y}{I}Q$$

より，

$$\tau = \frac{1}{b} \int_y^{y_t} \frac{y}{I} Q \, dA = \frac{Q}{bI} \int_y^{y_t} y \, dA = \frac{QS}{bI} \tag{10.8}$$

となり，中立軸から距離 y の位置のせん断応力度 τ は，

$$\tau = \frac{QS}{bI} \tag{10.9}$$

で与えられ，その単位は $\mathrm{N \cdot mm^3/(mm \cdot mm^4)} = \mathrm{N/mm^2}$ となる．

式(10.9)において，断面一次モーメント S は $y = 0$ のときに最大であり，$y = y_t$ のときに 0 となる．したがって，τ は上下端で 0 になり，中立軸位置（$y = 0$）で最大値をとる．

また，中立軸位置では，平均せん断応力度 $\tau_{\mathrm{mean}} = Q/A$ として，$\tau_{\max} = \chi \tau_{\mathrm{mean}} = \chi(Q/A)$ とすると，

$$\chi = \frac{AS}{bI} \tag{10.10}$$

となる．この χ は，最大せん断応力度の平均せん断応力度に対する比率である．

例題 10.5 長方形断面のせん断応力度

図(a)の長方形断面梁について，つぎの各問に答えよ．

(1) せん断力が最大となる位置におけるせん断力 $Q_{\max}$[kN] の大きさを求めよ．

(2) せん断力最大位置での梁断面の平均せん断応力度 τ_{mean}[N/mm²] を求めよ．

(3) せん断力最大位置での梁断面の最大せん断応力度 $\tau_{\max}$[N/mm²] を求めよ．

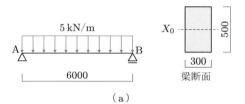

（a）

解答

(1) Q 図（図(b)）より，せん断力が最大になる位置は A 点であり，つぎのように求められる．

$$Q_{\max} = 15.0\,\mathrm{kN}$$

(2) 平均せん断応力度

$$\tau_{\mathrm{mean}} = \frac{Q}{A} = \frac{15.0 \times 10^3}{300 \times 500} = 0.10\,\mathrm{N/mm^2}$$

(3) 最大せん断応力度（図(b)）

$$S = \frac{b}{8}(h^2 - 4y^2) = 9.38 \times 10^6 - 150y^2$$

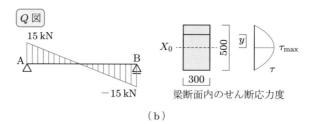

（b）

$$\tau = \frac{QS}{bI} = \frac{15.0 \times 10^3 \times (9.38 \times 10^6 - 150y^2)}{300 \times 3.13 \times 10^8}$$
$$= 1.50 \times 10^{-1} - y^2 \times 2.40 \times 10^{-4} \,\mathrm{N/mm^2}$$

せん断応力度は 2 次曲線分布となり，最大となる位置は $y = 0$ である.

$$\tau_{\max} = 1.50 \times 10^{-1} \,\mathrm{N/mm^2}$$

別解　長方形断面の場合，最大せん断応力度は平均せん断応力度の 1.5 倍である.

$$\tau_{\max} = 1.5 \times \tau_{\mathrm{mean}} = 1.5 \times 0.10 = 1.50 \times 10^{-1} \,\mathrm{N/mm^2}$$

・・・

例題 10.6 ┃ H 形断面のせん断応力度

　図(a)の H 形断面梁について，つぎの各問に答えよ.

(1)　せん断力が最大となる位置のせん断力 $Q_{\max}[\mathrm{kN}]$ の大きさを求めよ.

(2)　せん断力最大位置での平均せん断応力度 $\tau_{\mathrm{mean}}[\mathrm{N/mm^2}]$ を求めよ.

(3)　せん断力最大位置の断面における最大せん断応力度をウェブ部分（τ_w）およびフランジ部分（τ_f）について求めよ.

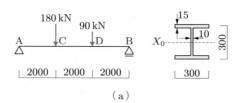

（a）

解答　・・・

(1)　せん断力が最大になる位置は，A〜C 間である.

$$Q_{\max} = 150 \,\mathrm{kN}$$

(2)　平均せん断応力度

$$A = 300 \times 300 - 290 \times 270 = 1.17 \times 10^4 \,\mathrm{mm^2}$$

$$\tau_{\mathrm{mean}} = \frac{Q}{A} = \frac{150 \times 10^3}{1.17 \times 10^4} = 12.8 \,\mathrm{N/mm^2}$$

(3) 最大せん断応力度（図(b)）

（ウェブ）y がウェブ内にある場合（$0.0 \leqq y \leqq 135 \,\mathrm{mm}$）

$$\tau_w = \frac{3}{2} \times \frac{Q}{bh^3 - b_1 h_1{}^3} \times \frac{(bh^2 - b_1 h_1{}^2) - 4(b - b_1)y^2}{b - b_1}$$

$$h_1 = h - 2t_f, \qquad b_1 = b - t_w \quad (t_f : \text{フランジ厚}, \; t_w : \text{ウェブ厚})$$

と表せ，$y = 0.0 \,\mathrm{mm}$ のとき，せん断応力度が最大となる．

$$\tau_{w\,\max} = 55.1 \,\mathrm{N/mm^2}$$

（フランジ）y がフランジ内にある場合（$135 \leqq y \leqq 150 \,\mathrm{mm}$）

$$S = \frac{b}{8}(h^2 - 4y^2) = 3.61 \times 10^3 - 125y^2$$

$$\tau_f = \frac{3}{2} \times \frac{Q}{bh^3 - b_1 h_1{}^3} \times (h^2 - 4y^2)$$

と表せ，$y = h_1/2 = 135 \,\mathrm{mm}$ のとき，せん断応力度が最大となる．

$$\tau_{f\,\max} = 1.6 \,\mathrm{N/mm^2}$$

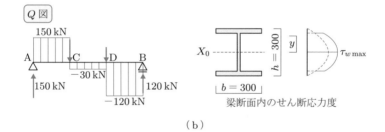

（b）

10.4　二方向曲げモーメント

　これまでの計算例では，曲げモーメントは部材断面の主軸方向に作用していたが，実際の場合には任意の方向に作用することがある．

　曲げモーメント M を主軸方向に分解して M_X と M_Y として，それぞれについてこれまでの手法を適用して，得られた応力度を足し合わせれば M による全体応力度が得られる．曲げモーメントもベクトルであるから，集中荷重と同様に合成と分解を行える．図 10.6 のような曲げモーメントが作用している場合には，X, Y 軸を主軸

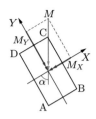

図 10.6　二方向荷重

として

$$X \text{ 軸まわり} \quad M_X = M \cos\alpha, \qquad Y \text{ 軸まわり} \quad M_Y = M \sin\alpha$$

とすればよい．主軸まわりの断面二次モーメントを I_x, I_y とすれば，次式が得られる．

$$曲げ応力度 \quad \sigma = \frac{M_X}{I_X}y + \frac{M_Y}{I_Y}x \tag{10.11}$$

部材断面が二軸対称であれば，圧縮側と引張り側の最大応力度は等しくなり，主軸まわりの断面係数を Z_x, Z_y とすれば，次式となる．

$$最大曲げ応力度 \quad \sigma_c = \sigma_t = \frac{M_X}{Z_X} + \frac{M_Y}{Z_Y} \tag{10.12}$$

10.5　軸方向力と曲げモーメント

柱のような部材には，曲げモーメントだけでなく軸方向力も作用する．片持柱に曲げモーメントが生じる例としては，図 10.7 の水平力が作用するときと，図 10.8 の集中荷重が偏心して作用する場合である．後者は，偏心荷重（eccentric load）とよ

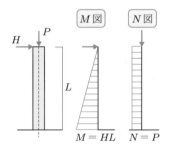

図 10.7　P と H が作用する柱

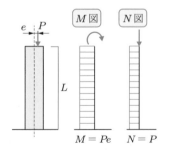

図 10.8　偏心力 P が作用する柱

ばれ，偏心距離 e に応じて，曲げモーメント $M = P \times e$ が作用していることになる．

断面内の軸方向応力度 σ の分布としては，軸方向力と曲げモーメントによる応力度を加え合わせたものとなる．部材の断面積を A，断面二次モーメントを I，図心からの距離を y とすると，

$$\sigma = \frac{P}{A} + \frac{M}{I}y \tag{10.13}$$

となり，$M = P \times e$ の場合には次式となる．

$$\sigma = \frac{P}{A} + \frac{Pe}{I}y = \frac{P}{A}\left(1 + \frac{e}{I/A}y\right) \tag{10.14}$$

図 10.9 (c)に示すように，応力度は P と M の正負により組み合わせが異なり，最大応力度の正負（引張りまたは圧縮）と絶対値が定められることに注意する．

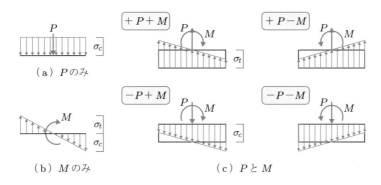

（a）P のみ　　（b）M のみ　　（c）P と M

図 10.9 P と M による組み合わせ応力度

例題 10.7 組み合わせ応力度

図(a)の長方形断面柱について，断面に生じる最大圧縮応力度および最大引張応力度を求めよ．

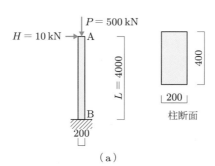

（a）

解答 •

最大応力度は，最大曲げモーメント $M_{\max}$ の位置（柱脚部 B 点）で生じ，$M_{\max} = HL$ である.

最大圧縮応力度

$$
\begin{aligned}
\sigma_c &= -\frac{P}{A} - \frac{M_{\max}}{Z} \\
&= -\frac{500 \times 10^3}{200 \times 400} - \frac{10 \times 4.0 \times 10^6}{400 \times (200)^2/6} \\
&= -6.3 - 15.0 = -21.3 \,\mathrm{N/mm^2}
\end{aligned}
$$

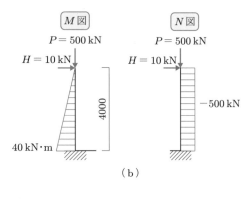

最大引張応力度

$$
\begin{aligned}
\sigma_t &= -\frac{P}{A} + \frac{M_{\max}}{Z} \\
&= -6.3 + 15.0 = 8.7 \,\mathrm{N/mm^2}
\end{aligned}
$$

（b）

• •

10.6　断面の核

　柱のような部材に圧縮力が作用するとき，偏心量がある値以内であれば，部材断面には圧縮応力だけが生じ，引張力がないという限界がある．この限界の線を断面内に描くと，断面の中央部にある面積部分が生じる．この部分を，断面の核 （core of section）という．断面の核には，実用的な用途は少ないが，応力度の性状を理解するために紹介しておく．

　図 10.10 のように集中荷重 P が，偏心距離 e で作用している場合の軸方向応力度は，

$$
\sigma = -\frac{P}{A} \pm \frac{M}{I}y = -\frac{P}{A} \pm \frac{Pe}{I}y \tag{10.15}
$$

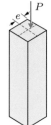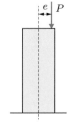

図 10.10　偏心圧縮柱

である．この値がつねに負（圧縮応力度）である条件は，y に図心からの最大寸法 y_t を用いて，

$$\frac{P}{A} \geqq \frac{Pe}{I} y_t \quad から \quad e \leqq \frac{I}{A}\frac{1}{y_t} = \frac{i^2}{y_t} \tag{10.16}$$

ここに，i：断面二次半径 [mm]

となる．また，二方向に偏心（e_x と e_y）がある場合には，$M_X = P \times e_y$，$M_Y = P \times e_x$ であり，次式が断面の核を定める条件となる．

$$\sigma = -\frac{P}{A} \pm \frac{Pe_y}{I_X} y_t \pm \frac{Pe_x}{I_Y} x_t \leq 0$$

上式の ＋ 項を対象とする場合に，全体に A/P を掛けると次式となる．

$$1 \geqq e_y \frac{y_t}{i_X{}^2} + e_x \frac{x_t}{i_Y{}^2} \tag{10.17}$$

例題 10.8 長方形断面の核

図(a)の寸法 $B \times D$ の長方形断面の核を求めよ.

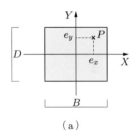

（a）

解答

第 1 象限に偏心がある場合を計算する.

$$A = BD$$

$$i_X{}^2 = \frac{D^2}{12}, \qquad y_t = \frac{D}{2}, \qquad i_Y{}^2 = \frac{B^2}{12}, \qquad x_t = \frac{B}{2}$$

より，

$$1 \geqq e_y \frac{D/2}{D^2/12} + e_x \frac{B/2}{B^2/12} = \frac{6}{D} e_y + \frac{6}{B} e_x$$

となり，$(B/6, 0)$ と $(0, D/6)$ を通る直線以下の範囲である．ほかの象限も同様であり，図(b)の平行四辺形が断面の核になる．

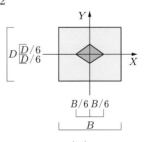

（b）

10.7　座　屈

　断面積 A の細長い鋼部材を引張るとき，鋼材の降伏点を σ_y とすると，降伏荷重 N_y は $N_y = \sigma_y A$ で与えられる．両端がピン支持の部材の図心を圧縮すると，N_y より小さな荷重において，図 10.11 のように，横方向に大きく変形してそれ以上の荷重に耐えられなくなってしまうことがある．このような現象を<u>座屈</u>（buckling）とよび，そのときの荷重を座屈荷重という．

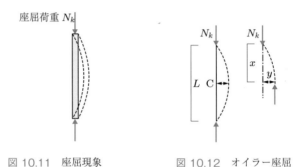

図 10.11　座屈現象　　　図 10.12　オイラー座屈

▌10.7.1　オイラーの座屈荷重

　古典的な座屈荷重は，オイラーにより理論的に導かれており，弾性部材に関するオイラーの座屈荷重 N_k として知られている（図 10.12）．

$$N_k = \frac{\pi^2 EI}{L^2} \tag{10.18}$$

　オイラーの座屈荷重 N_k は，部材の降伏荷重 N_y には関係せず，材料のヤング係数 E と断面二次モーメント I に比例し，部材長さ L の 2 乗に反比例する．

　部材の座屈荷重 N_k が，降伏荷重 N_y より大きい場合には，当然圧縮降伏により最大強度が決まる．

　材端の支持条件がピン支持以外の場合には，N_k は異なった値となる．一般的な表現として，等価長さとして座屈長さ L_k をとり，

$$N_k = \frac{\pi^2 EI}{L_k{}^2} \tag{10.19}$$

とし，$L_k = \alpha L$ として，図 10.13 のように α は材端支持条件により定める．

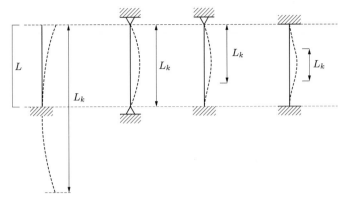

（a）上端自由・
　　下端固定
　　$\alpha = 2.0$

（b）上端ピン・
　　下端ピン
　　$\alpha = 1.0$

（c）上端ピン・
　　下端固定
　　$\alpha = 0.7$

（d）上端固定・
　　下端固定
　　$\alpha = 0.5$

図 10.13　材端支持条件と座屈長

ミニ知識　**オイラー**（Leonard Euler；独 1707〜1783 年）

　オイラーは 1720 年にスイスのバーゼル大学に入学し，ヨハン・ベルヌーイに数学を学んだ．その後ロシア科学院の会員となり，1727 年からペテルスブルグで数学の研究に取り組み，力学に関する名著を残した．1744 年に出版された著書「曲線を見つける方法」で，弾性曲線を扱っている．弾性曲線の方程式の解より，座屈を生じる荷重が $P = C\pi^2/4L^2$ であることを示し，柱の座屈式を確立した．

参考　**オイラーの座屈荷重値**

　オイラーの座屈荷重値は，以下により求められる．

　x 点における部材の曲げモーメント M_x は，$M_x = Ny$ により与えられ，一方，部材剛性を EI とすると $\dfrac{d^2 y}{dx^2} = -\dfrac{M_x}{EI}$ であるから，次式となる．

$$\frac{d^2 y}{dx^2} + \frac{N}{EI} y = 0$$

この関係式は座屈の特性方程式とよばれ，これを満足する N は，$y = A \sin \omega x$ とおくと，

$$-A\omega^2 \sin \omega x + \frac{N}{EI} A \sin \omega x = 0, \quad A \sin \omega x \left(-\omega^2 + \frac{N}{EI} \right) = 0, \quad \omega^2 = \frac{N}{EI}$$

となる．よって，$\omega = \pm \sqrt{\dfrac{N}{EI}}$ となり，$x = L$ で $y = 0$ であるから，つぎのようになる．

$$y_{x=L} = A \sin \sqrt{\frac{N}{EI}} L = 0$$

$$\sqrt{\frac{N}{EI}} L = n\pi \quad (n = 0,\ 1,\ 2,\ \ldots)$$

$n = 1$ が最小の座屈荷重（1 次モード）となり，つぎのような値が得られる．

$$N_k = \frac{\pi^2 EI}{L^2}$$

■ 10.7.2 座屈応力度

座屈荷重により，圧縮力の作用する柱材の耐えられる荷重が支配される．この荷重を座屈応力度として整理しておくと，材料の許容応力度などと比較するのに便利である．

断面二次半径 i を用いて式(10.19)を変形すると，つぎのようになる．

$$N_k = \frac{\pi^2 EI}{L_k{}^2} = \frac{\pi^2 EA}{\left(\dfrac{L_k}{i}\right)^2} = \frac{\pi^2 EA}{\lambda^2} \tag{10.20}$$

ここに，細長比 （slender ratio）$\lambda = L_k/i$

座屈応力度を σ_k とすると，

$$\sigma_k = \frac{N_k}{A} = \frac{\pi^2 E}{\lambda^2} \tag{10.21}$$

が得られる．式(10.21)によれば，座屈応力度に関してはつぎのことがいえる．

① 材料のヤング係数 E が大きいほど，座屈応力度は大きい．
② 細長比 λ が小さいほど，座屈応力度は大きい．
③ 部材の座屈長さ L_k が小さいほど，座屈応力度は大きい．
④ 部材断面の i が大きいほど，座屈応力度は大きい．

例題 10.9 オイラー座屈

図の H 形断面の柱部材が $P = 50\,\text{kN}$ の圧縮力を受けたとき，この柱がオイラー座屈を起こす最小長さ $L_{\min}$ を求めよ．柱の支持条件は，下部固定・上部ピンとし，ヤング係数 $E = 2.1 \times 10^5\,\text{N/mm}^2$ とする．

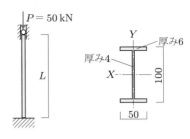

解答

$$I_{x_0} = \frac{50 \times (100)^3 - 46 \times (88)^3}{12} = 1.55 \times 10^6\,\text{mm}^4$$

$$I_{y_0} = \frac{0.6 \times (50)^3}{12} \times 2 + \frac{88 \times (4)^3}{12} = 1.25 \times 10^5\,\text{mm}^4$$

$I_{y_0} < I_{x_0}$ のため，Y 軸まわりに座屈する（Y 軸：弱軸）．

P が P_k となるためには，$P_k = \pi^2 E I_{y_0} / L_k{}^2$ より，

$$座屈長 \quad L_k = \pi \sqrt{\frac{E I_{y_0}}{P_k}}$$

となる．また，材端の支持条件から $L_k = 0.7L$ となり，

$$L = \frac{\pi}{0.7} \sqrt{\frac{E I_{y_0}}{P_k}} = \frac{3.14}{0.7} \sqrt{\frac{(2.1 \times 10^5) \times 125}{50 \times 10^3}} = 3.25 \times 10^3\,\text{mm}$$

として L が求められる．

$P = 50\,\text{kN}$ の圧縮力を受けたとき，これより長くなれば座屈し，短ければ座屈しない．よって，$L_{\min} = 3.25 \times 10^3\,\text{mm} = 3.25\,\text{m}$ である．

10.8 許容応力度設計

10.8.1 許容応力度設計法

許容応力度設計法は，部材応力を弾性計算によって求め，部材断面の応力度が許容応力度（allowable stress）以下であるように設計する方法である．わが国では「建築基準法」に基づき，鉄筋コンクリート構造，鉄骨構造，鉄骨鉄筋コンクリート構造において，長期および短期荷重に対して，許容応力度設計法を用いている．最も基本的な設計法であり，わが国をはじめ広く世界的に用いられている．

図 10.14 に示すように，構造材料は応力度が大きくない範囲では，応力度とひずみ度および荷重と変形の関係が弾性（線形関係）と見なせる．

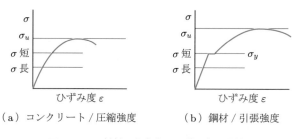

（a）コンクリート / 圧縮強度　　　　　（b）鋼材 / 引張強度

図 10.14　材料の応力度 – ひずみ度の関係

わが国で慣用されている許容応力度設計は，この弾性範囲で長期間作用する荷重に対して長期許容応力度 $\sigma_{長}$，短期間のみに作用する荷重に対して短期許容応力度 $\sigma_{短}$ を設定して，荷重作用時に構造部材に生じる応力度をこれ以下にするようにしている．

設計の流れは，図 10.15 に示すように，骨組みに荷重を作用させて生じた部材応力から，部材の断面応力度を算定し，材料の許容応力度と比較するものである．

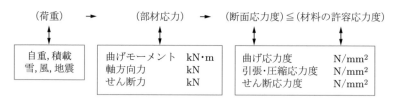

図 10.15　弾性設計法の検討事項

長期荷重による断面応力度は長期許容応力度と比較し，短期荷重による断面応力度は短期許容応力度と比較することにより，別個の安全率を導入している（表 10.1）．

「建築基準法」ではこの体系を法制化しており，鋼材の許容応力度は降伏点または耐力値を安全率で割って定め，長期に対して 1.5 以上，短期に対して 1.0 以上の安全率を採用している．コンクリートの許容応力度は圧縮強度を安全率で割って定め，長期に対して 3.0 以上，短期に対して 1.5 以上の安全率の値としている．

表 10.1　材料の許容応力度の例

	長期	短期	備　考
構造用鋼材 SN400, SS400	$F/1.5$	F	$F = 235\,\text{N/mm}^2$（引張り）
コンクリート	$F_c/3$	$2F_c/3$	F_c：設計基準強度（圧縮）
異形鉄筋 SD345	$F/1.5$	F	$F = 345\,\text{N/mm}^2$（圧縮・引張り）

▌10.8.2　部材応力に対する検討

ここでは鉄骨構造を取り上げ，鉄骨部材の設計用部材応力に対して，部材断面が安

全であることを検討する手法を説明する．鉄筋コンクリート構造の場合には，許容応力度に立脚しながらも部材耐力を算定しているため，紹介を省略している．

(1) 引張力に対する検討

筋かい材やトラス部材のように，引張力を受ける部材に対しては，比較的単純に検討を行うことができる．

すなわち，次式を用いる．

$$\frac{N_t}{A} \leqq f_t \tag{10.22}$$

ここに，N_t：引張力 [N]

$\qquad A$：部材の断面積 $[\mathrm{mm}^2]$

$\qquad f_t$：許容引張応力度 $[\mathrm{N/mm}^2]$

f_t は作用力の状況に応じて，長期許容応力度または短期許容応力度の値を用いる．また，部材断面積 A は，ボルト孔などがある場合にはその欠損部を考慮した有効断面積とする．

(2) 圧縮力に対する検討

柱部材や筋かい材・トラス部材には，圧縮力が作用する．この場合には，座屈を考慮する必要があり，圧縮許容応力度 f_c が細長比 λ を用いて，つぎのやや複雑な式により算定される．

$$\left. \begin{array}{ll} \lambda \leqq \Lambda \text{ の場合} & f_c = \dfrac{1 - 0.4\left(\dfrac{\lambda}{\Lambda}\right)^2}{v} F \\[2em] \lambda > \Lambda \text{ の場合} & f_c = \dfrac{0.277F}{\left(\dfrac{\lambda}{\Lambda}\right)^2} \end{array} \right\} \tag{10.23}$$

$$\text{ここに，} \Lambda = \sqrt{\frac{\pi^2 E}{0.6F}}, \qquad \nu = \frac{3}{2} + \frac{2}{3}\left(\frac{\lambda}{\Lambda}\right)^2 \tag{10.24}$$

この許容応力度値を用いて，次式により断面が検討される．

$$\frac{N_c}{A} \leqq f_c \tag{10.25}$$

ここに，F と E：鋼材の降伏点とヤング係数 $[\mathrm{N/mm}^2]$

$\qquad f_c$：長期許容応力度 $[\mathrm{N/mm}^2]$（短期は 1.5 倍の値）

$\qquad N_c$：圧縮力 [N]

$\qquad A$：部材の断面積 $[\mathrm{mm}^2]$

(3) 曲げモーメントに対する検討

　鉄骨構造の梁には，H 形断面材が用いられることが多く，曲げモーメントが主たる設計対象の部材応力となる．厳密には，梁部材の横座屈（梁フランジが横方向に局部座屈する）を考慮して検討するが，ここでは，横座屈のない場合のみを紹介する．

$$\frac{M}{Z} \leqq f_b \tag{10.26}$$

　　ここに，M：曲げモーメント [N·mm]

　　　　　　Z：部材の断面係数 [mm^3]（上下で異なる場合は小さいほうをとる）

　　　　　　f_b：許容曲げ応力度 [N/mm^2]（横座屈がない場合は f_t に同じ）

(4) せん断力に対する検討

　せん断力に対する検討は，許容せん断応力度 f_s により行われ，次式が用いられる．

$$\kappa \frac{Q}{A} \leqq f_s \tag{10.27}$$

　　ここに，Q：せん断力 [N]

　　　　　　A：部材の断面積 [mm^2]

　　　　　　κ：最大せん断応力度の平均応力度に対する比率（式(10.10)参照）

　　　　　　f_s：許容せん断応力度 [N/mm^2]（$f_s = f_t/\sqrt{3}$）

(5) 軸方向力と曲げモーメントを受ける場合

　軸方向力と曲げモーメントの両方が作用する場合には，両者による影響を合わせて評価して，次式により断面が検討される．

　　圧縮力の場合　$\dfrac{\sigma_c}{f_c} + \dfrac{\sigma_b}{f_b} \leqq 1.0$ $\tag{10.28}$

　　引張力の場合　$\dfrac{\sigma_t}{f_t} + \dfrac{\sigma_b}{f_b} \leqq 1.0$ $\tag{10.29}$

　　　　　　ここに，σ_c, σ_t：圧縮または引張応力度 [N/mm^2]

　　　　　　　　　　f_c, f_t：圧縮または引張許容応力度 [N/mm^2]

▌10.8.3　断面設計の考え方

　構造部材断面を設計するためには，部材断面を仮定して応力度を計算して，その値が許容応力度以下であることを確認することになる．そのための手法としては，つぎの 3 種類がある．

① 部材断面 (A, Z, κ) を仮定し，得られる応力度が許容値以下であることを確認する．

$$\frac{N_t}{A} \le f_t, \qquad \frac{M}{Z} \le f_b, \qquad \kappa\frac{Q}{A} \le f_s \tag{10.30}$$

② 部材断面 (A, Z, κ) を仮定し，得られる許容耐力値 (N_a, M_a, Q_a) が部材応力以上であることを確認する．

$$N_t \le N_{ta} = Af_t, \qquad M \le M_a = Zf_b, \qquad Q \le Q_a = A\frac{f_s}{\kappa} \tag{10.31}$$

③ 必要な断面性能 $(A_{\mathrm{req}}, Z_{\mathrm{req}})$ を求め，部材断面の性能 (A, Z) をそれ以上の値にする．

$$\frac{N_t}{f_t} = A_{\mathrm{req}} \le A, \qquad \frac{M}{f_b} = Z_{\mathrm{req}} \le Z, \qquad \kappa\frac{Q}{f_s} = A_{\mathrm{req}} \le A \tag{10.32}$$

演習問題

10.1 ［長方形断面の曲げ応力度］問図 10.1 の長方形断面梁について，つぎの各問に答えよ．

(1) X_0 軸まわりの断面二次モーメント $I_{x0}[\mathrm{mm}^4]$ と断面係数 $Z_t[\mathrm{mm}^3]$ を求めよ．

(2) C 点における梁断面の最大曲げ応力度 $\sigma_b[\mathrm{N/mm}^2]$ を求めよ．

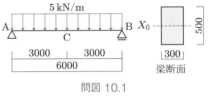

問図 10.1

10.2 ［H 形断面の曲げ応力度］問図 10.2 の H 型断面梁について，つぎの各問に答えよ．

(1) 断面二次モーメント $I_{x0}[\mathrm{mm}^4]$ を求めよ．

(2) 力 P により生じる最大曲げ応力度 $\sigma_b[\mathrm{N/mm}^2]$ を求めよ．

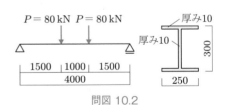

問図 10.2

10.3 ［組み合わせ応力度］問図 10.3 の長方形断面柱に軸方向力 $N = 500\,\text{kN}$ と水平力 $H = 45\,\text{kN}$ が作用している．下端断面に生じる最大軸方向応力度（引張り，圧縮）を求めよ．

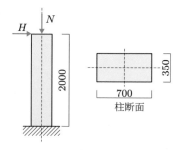

問図 10.3

10.4 ［組み合わせ応力度］問図 10.4 の柱に軸方向力 P が作用している．この柱の断面は図に示す長方形である．

(1) 柱断面に引張応力度を生じさせないためには，図中の点①〜④の，どの点に軸方向力を作用させればよいか．

(2) 柱断面の点①に軸方向力 $500\,\text{kN}$ を作用させたとき，柱脚の点③，④に生じる軸方向応力度を求めよ．

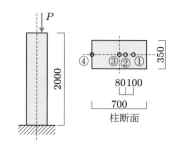

問図 10.4

(3) 図中の点②に軸方向力 $500\,\text{kN}$ を作用させたとき，柱脚の点③，④に生じる軸方向応力度を求めよ．

10.5 ［断面の核］問図 10.5 の長方形断面の核を求めよ．

問図 10.5

10.6 ［オイラーの座屈荷重］問図 10.6 のような，下端，上端ともに固定された柱部材がある．この柱部材に軸方向力 P を作用させるとき，つぎの各問に答えよ．なお，部材の断面形状は図に長方形断面であり，ヤング係数は $E = 2.1 \times 10^5 [\text{N/mm}^2]$ である．

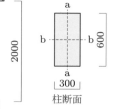

問図 10.6

(1) 図の a–a，b–b 軸まわりの断面二次モーメント I_a，I_b を求めよ．この結果より，柱部材が座屈する方向はどちらか判定せよ．

(2) 座屈荷重 P_k を求めよ．

(3) 以下の文章の（A）と（B）に入る値を求めよ．

「図において上端をピンにした場合，同じ座屈荷重にするためには，柱の長さを（A）倍にするか，断面二次モーメントを（B）倍にすればよい.」

第11章 静定梁の変形

　構造物は，力が作用すると必ず変形する．この現象は，変形またはたわみ（撓み）とよばれる．通常の構造物では，この変形量は微小であり，建物居住者には知覚されないことが多い．しかし，構造物の剛性が不足して変形量が大きくなると，居住者に不安感を与えたり，建物の使用に障害を与えたりすることもある．

　この変形量を求めるためには，静定梁では弾性曲線の微分方程式を解く必要がある．また，これを力の関係に置き換えて，力学問題として簡便に解く「モールの定理」も提案されている．

　いずれにしても，荷重が作用すると構造部材に部材応力が生じ，部材断面内には応力度を生じている．部材断面内のひずみが集積すれば，構造物が変形することになる．

　構造部材に作用する部材応力に応じて，軸方向変形，曲げ変形，せん断変形が生じることになり，全体変形はこれらの和となるが，通常の骨組みでは曲げ変形が支配的であり，ほかの変形量は無視することが多い．

イタリア・ミラノ〈ヴィットーリオ・エマヌエーレ2世のガレリア〉
1877年頃竣工の鉄骨造ガラスドーム

11.1　部材各部の変形

　構造物に荷重が作用すると構造部材に部材応力が生じ，部材断面内には応力度，ひずみ度を生じる．そして，部材断面内のひずみ度が集積すると，構造物が変形することになる．この関係を示したものが図 11.1 である．構造部材に作用する部材応力に応じて，軸方向変形，曲げ変形，せん断変形が生じることになり，全体変形はこれらの和となるが，通常の線材骨組みでは曲げ変形が支配的であり，ほかの変形量は無視することが多い．

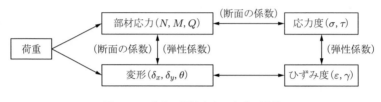

図 11.1　荷重，部材応力，変形の関係

　部材断面の係数や弾性係数が

　　E：材料のヤング係数 $[\mathrm{N/mm^2}]$

　　G：材料のせん断弾性係数 $[\mathrm{N/mm^2}]$

　　A：部材断面の断面積 $[\mathrm{mm^2}]$

　　I：部材断面の断面二次モーメント $[\mathrm{mm^4}]$

　　κ：部材断面による定数（せん断変形時）

の値をとるとき，直線的な部材の微小部分 dx に生じる弾性変形は以下のようになる．

(1) 軸方向変形

　部材に軸方向力 N が作用するときに，部材が材軸方向に伸縮する量 ΔL である．当然であるが，引張力で伸び，圧縮力で縮むことになる．柱部材のような軸方向力を受ける部材はこの軸方向変形を考慮する必要があり，EA を軸方向剛性という．

$$\Delta L = \frac{N}{EA}dx \tag{11.1}$$

(2) 曲げ変形

　曲げモーメント M により生じる変形であり，部材が湾曲して回転角 $\Delta\theta$ を生じることになり，結果として材軸直角方向に変形する．梁部材では，この曲げ変形量が最も大きく，EI を曲げ剛性という．

$$\Delta\theta = \frac{M}{EI}dx \tag{11.2}$$

（3）せん断変形

せん断力 Q により，部材が材軸と直角方向に変形する量 Δs である．通常は，微小であり無視してよいことが多く，GA をせん断剛性という．

$$\Delta s = \kappa \frac{Q}{GA}dx \tag{11.3}$$

11.2　弾性曲線による方法

直線部材の曲げ変形と応力の関係を求めることにより，微分方程式を解いて曲げ変形を求めることができる．図 11.2 に示す微小部分の変形関係から，部材軸直角の変形量を y，X 軸に対する傾き（回転角）を θ，作用曲げモーメントを M_x とすると，

$$\frac{dy}{dx} = \theta \rightarrow \frac{d^2y}{dx^2} = \frac{d\theta}{dx} = -\frac{M_x}{EI} \tag{11.4}$$

となる（10.2 節参照）．これを，弾性曲線の式という．

一方，力の釣り合い式からは，

$$\frac{dM_x}{dx} = Q_x \rightarrow \frac{d^2M_x}{dx^2} = \frac{dQ_x}{dx} = -w_x \tag{11.5}$$

の関係が得られている（4.4 節参照）．

全体を整理して表現すれば，以下の五つの式として表現できる．

$$y = -\iint \frac{M_x}{EI}dx^2 \tag{11.6}$$

$$\frac{dy}{dx} = -\int \frac{M_x}{EI}dx \tag{11.7}$$

$$\frac{d^2y}{dx^2} = -\frac{M_x}{EI} \quad \text{または，} \ EI\frac{d^2y}{dx^2} = -M_x \tag{11.8}$$

$$\frac{d^3y}{dx^3} = -\frac{Q_x}{EI} \quad \text{または，} \ EI\frac{d^3y}{dx^3} = -Q_x \tag{11.9}$$

$$\frac{d^4y}{dx^4} = \frac{w_x}{EI} \quad \text{または，} \ EI\frac{d^4y}{dx^4} = w_x \tag{11.10}$$

静定梁の曲げモーメント M_x が求められれば，上記式のいずれかを用いて，微分方程式を解くことにより，曲げ変形量 y を計算できる．

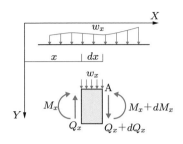
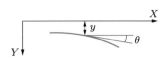

（a）荷重, せん断力, 曲げモーメント　　　　　　　　（b）変形量

図 11.2　変形量の関係

参考 **曲率半径 ρ と曲げモーメント M**

ある曲線 $y = f(x)$ の X 軸に対する傾斜 θ とその曲率半径 ρ は, 次式で表される.

$$\tan\theta = \frac{dy}{dx}, \qquad \frac{1}{\rho} = \pm\frac{\dfrac{d^2 y}{dx^2}}{\left\{1 + \left(\dfrac{dy}{dx}\right)^2\right\}^{\frac{3}{2}}}$$

部材の変形量が微小であるときには, 近似的に $\tan\theta \fallingdotseq \theta$ と見なし, θ が 1 に比較して十分小さい場合には, $\left\{1 + (dy/dx)^2\right\} \fallingdotseq 1$ としてもよいことになる.

結果として, $dy/dx = \theta$, $d^2 y/dx^2 = d\theta/dx = 1/\rho = -M/EI$ となるが, あくまでも, この関係は微小変形を仮定して成立しているものである.

例題 11.1　弾性曲線による変形計算（片持梁に集中荷重）

図(a)の長さ L の片持梁先端に集中荷重 P が作用する場合, 先端の回転角 θ_A と変形 δ_A を, 弾性曲線式により求めよ. ただし, 梁の曲げ剛性は一定値 EI とする.

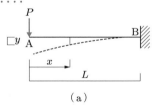

（a）

解答••

部材の曲げモーメント分布は, $M_x = -Px$ である. 曲げモーメントの値を用いて, 弾性曲線式(11.8)を順次積分すると, 積分定数 C_1 と C_2 を用いてつぎのように表現できる.

$$EI\frac{d^2 y}{dx^2} = -M_x = -(-Px)$$

$$EI\frac{dy}{dx} = \frac{1}{2}Px^2 + C_1$$

$$EIy = \frac{1}{6}Px^3 + C_1 x + C_2$$

C_1 と C_2 を決定するために変形適合条件を用い，支持点などでの変形の状況を満足するようにする．$x = L$ で固定であるので，$dy/dx = 0$，$y = 0$ である．

$$EI\frac{dy}{dx} = \frac{1}{2}PL^2 + C_1 = 0 \rightarrow C_1 = -\frac{1}{2}PL^2$$

$$EIy = \frac{1}{6}PL^3 + C_1 L + C_2 = 0 \rightarrow C_2 = \frac{1}{3}PL^3$$

となり，C_1 と C_2 を代入すると，

$$\frac{dy}{dx} = \frac{P}{2EI}(x^2 - L^2) \rightarrow y = \frac{P}{6EI}(x^3 - 3L^2 x + 2L^3)$$

として，回転角と変形が求められる．先端 A 点では，$x = 0$ であるので，つぎのようになる（付録 2a ①参照）．

$$\text{回転角}\quad \theta_A = \frac{dy}{dx} = -\frac{PL^2}{2EI}, \qquad \text{変形}\quad \delta_A = y = \frac{PL^3}{3EI}$$

例題 11.2 弾性曲線による変形計算（単純梁に等分布荷重）

図(a)の長さ L の単純梁に等分布荷重 w が作用する場合，端部の A 点の回転量と中央の C 点の変形を，弾性曲線式により求めよ．ただし，梁の曲げ剛性は一定値 EI とする．

解答

部材の曲げモーメント分布は，$M_x = w(L-x)x/2$ となる（図(b)）．これを用いて，弾性曲線式(11.8)を順次積分する．

$$EI\frac{d^2 y}{dx^2} = -M_x = \frac{-w(L-x)x}{2} = -\frac{w}{2}(Lx - x^2)$$

$$EI\frac{dy}{dx} = -\frac{w}{2}\left(\frac{L}{2}x^2 - \frac{x^3}{3}\right) + C_1$$

$$EIy = -\frac{w}{2}\left(\frac{L}{6}x^3 - \frac{x^4}{12}\right) + C_1 x + C_2$$

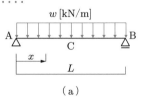

変形適合条件から，A 点（$x = 0$）でピン支持であるので $y = 0$，B 点（$x = L$）でもピン支持であるの

で $y = 0$ である.

A 点の条件より, $C_2 = 0$

B 点の条件より, $-\dfrac{wL^4}{12} + \dfrac{wL^4}{24} + C_1 L = 0$ より,

$$C_1 = \frac{wL^3}{24}$$

C_1 と C_2 を代入すると,

$$\frac{dy}{dx} = -\frac{w}{24EI}(6Lx^2 - 4x^3 - L^3) \rightarrow y = -\frac{w}{24EI}(2Lx^3 - x^4 - L^3x)$$

となり, 回転角と変形が求められる.

左端 A 点では, $x = 0$ であるので, つぎのようになる.

回転角 $\dfrac{dy}{dx} = \dfrac{wL^3}{24EI}$, 変形 $y = 0$

中央 C 点では, $x = L/2$ であるので, つぎのようになる (付録 2b ③参照).

回転角 $\dfrac{dy}{dx} = \dfrac{wL^3}{24EI}\left(\dfrac{3}{2}L^3 - \dfrac{1}{2}L^3 - L^3\right) = 0$

変 形 $y = -\dfrac{w}{24EI}\left(\dfrac{1}{4}L^4 - \dfrac{1}{16}L^4 - \dfrac{1}{2}L^4\right) = \dfrac{5wL^4}{384EI}$

11.3 モールの定理

(1) 基本的考え方

前節の弾性曲線式による解法には, 数学的な積分が不可欠である. これを, 以下に述べるような力の釣り合い式に置き換えて, 解を得ようとするのがモールの定理である (モールについては, 8.3.3 項の「ミニ知識」参照).

弾性曲線式(11.4)と力の釣り合い式(11.5)を比較すると, 表 11.1 のようになる. この表の左右を比較すると式の表現が同一であることに気づく.

すなわち, $w' = M/EI$ を仮想荷重, $Q' = \theta$ を仮想せん断力, $M' = y$ を仮想曲げモーメントとすれば, 力の釣り合い関係から w', Q', M' を求め, 結果として θ, y を得ることができる. このように, 力学的な知識があれば力の釣り合い関係だけから, 代数的手法で解が得られることになる.

上記により, 等価荷重 ($w' = M/EI$) による部材応力 (M' や Q') を計算すれば,

表 11.1 変形と力の関係式

変形の関係式	力の関係式
（変形量）$y,\ \theta,\ \dfrac{M}{EI}$	（力の量）$M,\ Q,\ w$
$\dfrac{dy}{dx} = \theta$	$\dfrac{dM}{dx} = Q$
$\dfrac{d^2 y}{dx^2} = \dfrac{d\theta}{dx} = -\dfrac{M}{EI}$	$\dfrac{d^2 M}{dx^2} = \dfrac{dQ}{dx} = -w$

変形量（θ や y）を求めることができるが，支点での状況が異なっている．当初の構造物と w' の作用を受ける仮想構造物との差異を考慮する必要がある．図 11.3 に示すように，支点条件を入れ替えることにより，変形量を等価な部材応力に置き換えることができる．

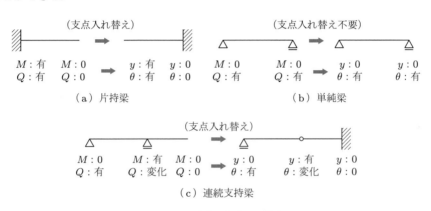

図 11.3 支点と節点の入替え

支点条件の入れ替えは，つぎのように行う．

① ピン支点やローラー支点 → そのまま入替えなし

② 固定端 → 自由端，自由端 → 固定端

③ 連続梁支点 → ピン接合点，ピン接合点 → 連続梁支点

以上の結果から得られる関係を，モールの定理 （Mohr's theorem）という．

ミニ知識 モールの定理

① 単純梁の各点の変位 y と回転角 θ は，各点の M/EI を仮想の荷重と見なしたときの曲げモーメントとせん断力に等しい．

② 片持梁の各点の変位 y と回転角 θ は，各点の M/EI を仮想の荷重と見なし，その自由端と固定端を取り替えたときの曲げモーメントとせん断力に等しい．

(2) モールの定理の適用

モールの定理を利用して変形量を求めるためには, つぎの手順をふむ.

　① 　静定梁の曲げモーメントを求める.

　② 　$M/EI = w'$ を等価な荷重として, 支点条件を入れ替える (図 11.3 参照).

　③ 　変形を求めたい点の等価荷重による M' を求めて変形量 y とする. 変形を求めたい点の等価荷重による Q' を求めて回転角 θ とする.

例題 11.3　片持梁の変形

モールの定理により, 図(a)の荷重 P を受ける片持梁の先端の A 点の鉛直変形 δ_A と回転角 θ_A を求めよ. ただし, 梁の曲げ剛性は一定値 EI とする.

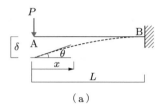

(a)

解答

① 　モーメント図を求める. 図(b)のような M 図が求められる.

$$M_B = -PL$$

$$M_x = -Px$$

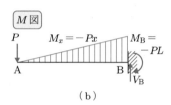

(b)

② 　仮想荷重を設定し, 支点を入れ替える (図(c)). 仮想荷重 w_B' と支点反力 V_A' は以下のようになる.

$$w_B' = \frac{M_B}{EI} = -\frac{PL}{EI}$$

$$V_A' = w_B'\frac{L}{2} = -\frac{PL^2}{2EI}$$

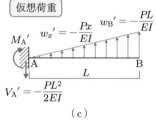

(c)

③ 　Q_A', M_A' を求める (図(d)). 等価な集中荷重 P_0' は, $P_0' = w_B'L/2$ より次のようになる.

$$P_0' = -\frac{PL}{EI} \times \frac{L}{2} = -\frac{PL^2}{2EI}$$

A 点の仮想荷重に対するせん断力は $Q_A' = V_A' = -PL^2/(2EI)$. よって, つぎのようになる.

$$\theta_A = -\frac{PL^2}{2EI}\,[\text{rad}]$$

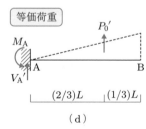

(d)

A点の仮想荷重に対するモーメント $M_A{}'$ は, つぎのようになる.

$$\sum M_{A \text{点}} = M_A{}' + P_0{}'\frac{2}{3}L = 0 \rightarrow M_A{}' = -P_0{}'\frac{2}{3}L = \frac{PL^3}{3EI}$$

よって, $\delta_A = PL^3/(3EI)$ [mm].

例題 11.4 モーメント荷重を受ける単純梁

モールの定理により, 図(a)のモーメント荷重を受ける単純梁の中央C点の鉛直変形 δ_C とA点の回転角 θ_A をそれぞれ求めよ. ただし, 梁の断面二次モーメント $I = 1.0 \times 10^8\,\mathrm{mm}^4$, ヤング係数 $E = 2.1 \times 10^5\,\mathrm{N/mm}^2$ とする.

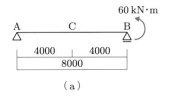

（a）

解答

モールの定理の手順による.

① モーメント図を求める（図(b)）. M 図に示すように, A点の曲げモーメントは0, B点の曲げモーメント $M_B = 60\,\mathrm{kN \cdot m}$ で, 三角形状のモーメント分布である.

② 仮想荷重を設定し, 支点を入れ替える. 仮想荷重は右端で $w_B{}' = M_B/EI$ となる三角形分布で, 単純梁は支点入れ替えが不要である.

③ $M_C{}'$, $Q_A{}'$ を求める（図(c)）. 仮想荷重によるA点の反力 $R_A{}'$ は, 等価荷重 $P_0{}' = w_B{}'L/2$ を用いてつぎのようになる.

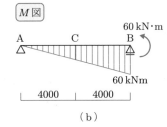

$$\sum M_{B \text{点}} = R_A{}'L - P_0{}'\frac{L}{3} = 0.0$$

$$\rightarrow R_A{}' = \frac{w_B{}'L}{6} = \frac{M_B L}{6EI}$$

$$= \frac{(60 \times 10^6) \times 8000}{6 \times (2.1 \times 10^5) \times (1.0 \times 10^8)}$$

$$= 3.81 \times 10^{-3}$$

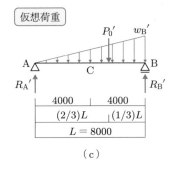

（c）

A点の仮想荷重に対するせん断力 $Q_A{}' = R_A{}' = 3.81 \times 10^{-3}$. よって, $\theta_A = Q_A{}' = 3.81 \times 10^{-3}\,\mathrm{rad}$ である（図(d)）.

C点の仮想荷重に対するモーメント $M_C{}'$ は, つぎ

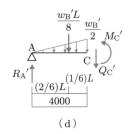

（d）

のようになる.

$$\sum M_{C\,点} = R_A{}' \frac{L}{2} - \frac{w_B{}'L}{8} \times \frac{L}{6} - M_C{}' = 0.0$$

$$\rightarrow \frac{M_B L^2}{12EI} - \frac{L^2}{48} \times \frac{M_B}{EI} - M_C{}' = 0.0$$

$$\rightarrow M_C{}' = \frac{M_B L^2}{16EI} = \frac{(60 \times 10^6) \times (8000)^2}{16 \times (2.1 \times 10^5) \times (1.0 \times 10^8)} = 11.4$$

よって，$\delta = M_C{}' = 11.4\,\mathrm{mm}$ である.

・・

例題 11.5　集中荷重を受ける単純梁の変形

　モールの定理により，図(a)の集中荷重を受ける単純梁
の C 点の鉛直変形 δ_C と A 点の回転角 θ_A をそれぞれ求め
よ. ただし，梁の断面二次モーメント $I = 1.0 \times 10^8\,\mathrm{mm}^4$,
ヤング係数 $E = 2.1 \times 10^5\,\mathrm{N/mm}^2$ とする.

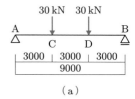

（a）

解答・・

　モールの定理の手順による.

① モーメント図を求める（図(b)）. M 図に示すよ
うに，中央部 CD 間が $90\,\mathrm{kN \cdot m}$ の台形分布となる.

② 仮想荷重を設定し，支点を入れ替える（図(c)）.
中央部 CD 間の仮想荷重は $w_C{}' = w_D{}' = M_C/(EI)$
の台形分布となる.

③ $M_C{}'$, $Q_A{}'$ を求める（図(c)，図(d)）.

　仮想荷重による A 点の反力 $R_A{}'$ を求める.

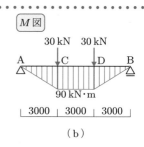

（b）

$$\sum M_{B\,点} = R_A{}'L - \frac{1}{2}w_C{}'\frac{L}{3}\left(\frac{L}{3} \times \frac{1}{3} + \frac{2L}{3}\right)$$

$$- w_C{}'\frac{L}{3}\left(\frac{L}{3} \times \frac{1}{2} + \frac{L}{3}\right)$$

$$- \frac{1}{2}w_C{}'\frac{L}{3} \times \left(\frac{L}{3} \times \frac{2}{3}\right) = 0.0$$

$$\rightarrow R_A{}' = \frac{w_C{}'L}{3} = \frac{M_C L}{3EI}$$

$$= \frac{(90 \times 10^6) \times 9000}{3 \times (2.1 \times 10^5) \times (1.0 \times 10^8)} = 1.29 \times 10^{-2}$$

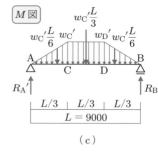

（c）

A 点の仮想荷重に対するせん断力 $Q_A{}'$ は，つぎのようになる.

$$Q_A' = R_A' = 1.29 \times 10^{-2}$$

よって，$\theta_A = Q_A' = 1.29 \times 10^{-2}$ rad である．

　C 点の仮想荷重に対するモーメント M_C' は，つぎのようになる．

$$\sum M_{C 点} = R_A' \frac{L}{3} - \frac{1}{2}w_C' \frac{L}{3}\left(\frac{L}{3} \times \frac{1}{3}\right) - M_C' = 0.0$$

$$\rightarrow M_C' = \frac{5M_C L^2}{54EI} = \frac{5 \times (90 \times 10^6) \times (9000)^2}{54 \times (2.1 \times 10^5) \times (1.0 \times 10^8)}$$

$$= 32.1$$

よって，$\delta_C = M_C' = 32.1\,\text{mm}$ である．

- -

演習問題

11.1 ［弾性曲線による片持梁の変形］問図 11.1 の等分布荷重 w を受ける片持梁の先端の A 点の鉛直変形 δ_A と回転角 θ_A を，弾性曲線式により求めよ．ただし，梁の曲げ剛性は一定値 EI とする．

問図 11.1

11.2 ［弾性曲線による単純梁の変形］問図 11.2 の長さ L の単純梁に集中荷重 P が作用する場合，中央の C 点の変形 δ_C と端部の A 点の回転角 θ_A を，弾性曲線式により求めよ．ただし，梁の曲げ剛性は一定値 EI とする（A〜C 間を対象とし，C 点では回転角 $= 0$ の条件を用いる）．

問図 11.2

11.3 ［モールの定理による片持梁の変形］問図 11.3 の片持梁について，A 点のたわみ δ_A と回転角 θ_A をモールの定理により求めよ．ただし，梁部材の断面二次モーメント $I = 1.8 \times 10^9\,\text{mm}^4$ であり，ヤング係数 $E = 2.1 \times 10^5\,\text{N/mm}^2$ である．

問図 11.3

11.4 ［モールの定理による単純梁の変形］問図 11.4 の長さ L の単純梁に集中荷重 P が作用する場合，中央の C 点の変形 δ_C と端部の A 点の回転角 θ_A を，モールの定理により求めよ．ただし，梁の曲げ剛性は一定値 EI とする．

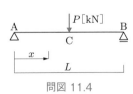

問図 11.4

第 12 章 ┃ 仕事とひずみエネルギー

　構造物に力が作用して構造物が変形するとき，作用した力が仕事をしている．この仕事量は，構造物の内部に蓄積されるひずみエネルギーに等しい．これらの現象は，「エネルギー保存則」に支配されており，物理で学んだ力学の原則がここでも適用される．

　これまでに学んできた構造力学の基本公式も，この原則により説明できるが，初学者や一般技術者にやさしいように，微分方程式などの数学的手法を使わないで説明してきた．

　本章では，微分や積分の数式が出てきて多少わかりにくいかもしれないが，原理・原則を理解すればよいので，感覚的にその結果を理解するように努めてほしい．

　外力を受けて釣り合っている状態にある物体に，任意の仮想変位を与えたときに，外力のする仕事と内部応力による仮想ひずみエネルギーは等しい．これを「仮想仕事の原理」という．この原理を利用すると，一般構造物やトラス構造の変形計算を行うことができる．

アメリカ・ニューヨーク〈エンパイアステートビル〉
鉄骨造事務所ビル（1931 年竣工，443 m）

12.1　仕　事

　物を動かしたり，梁を変形させたりするには，継続して力をかけ続ける必要がある．このときに，変形が生じているので，

$$\text{仕事} = \text{力} \times \text{変形}（単位：kN \cdot m = kN \times m）$$

として，仕事の量を定義する．構造物が受け持つ「仕事」としては，本章では弾性範囲のみを扱う．

（1）力が一定の場合

　図 12.1 (a)のように，力が一定で作用する場合には，仕事 W は次式で与えられる．

$$W = P\delta \tag{12.1}$$

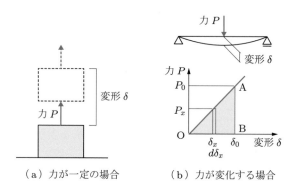

（a）力が一定の場合　　　　（b）力が変化する場合

図 12.1　力と仕事

（2）力が変化する場合

　図 12.1 (b)のように，単純梁に力を作用させる場合は力をしだいに大きくしたので，δ_x 変形したときには，力は P_x である．その状態で微小変形 $d\delta_x$ だけ変形したときの仕事は，

$$W_x = P_x \, d\delta_x \tag{12.2}$$

であり，$P_x = P_0 \delta_x / \delta_0$ の関係を用いて

$$W_x = \frac{P_0}{\delta_0} \delta_x \, d\delta_x$$

　全体の仕事量 W は，変形量を 0 から δ_0 まで積分して

$$W = \int_0^{\delta_0} W_x = \int_0^{\delta_0} \frac{P_0}{\delta_0} \delta_x \, d\delta_x = \frac{P_0}{\delta_0} \left[\frac{1}{2} \delta_x{}^2 \right]_0^{\delta_0} = \frac{1}{2} P_0 \delta_0 \tag{12.3}$$

となり，この値は図 12.1 (b) の三角形 OAB の面積に等しい.

12.2 ひずみエネルギー

部材が外力の作用を受け，部材応力を生じて変形したときには，部材内部にはひずみエネルギーが蓄積されている．部材応力に対応して，軸方向力，曲げモーメント，せん断力によるひずみエネルギーの値がある.

(1) 軸方向力によるひずみエネルギー

図 12.2 に示すように，軸方向力 N を受ける部材のひずみエネルギーを算定する．微小部分 dx に作用している力は N であり，その状態で微小変形 $d\delta_x$ だけ変形したときの仕事からひずみエネルギーが計算できる.

$$N = \sigma_x A, \qquad d\delta_x = \varepsilon_x \, dx = \frac{\sigma_x}{E} \, dx = \frac{N}{EA} \, dx \tag{12.4}$$

であり，微小部分のひずみエネルギー $W_N{}'$ は，

$$W_N{}' = \frac{1}{2} N \, d\delta_x = \frac{N^2}{2EA} \, dx$$

となり，部材全長のひずみエネルギー W_N は，

$$W_N = \int_0^L W_N{}' = \int_0^L \frac{N^2}{2EA} \, dx \tag{12.5}$$

となり，部材の軸方向剛性 EA が一定であれば，次式となる.

$$W_N = \frac{N^2}{2EA} L \tag{12.6}$$

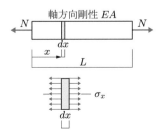

図 12.2 軸方向力によるひずみエネルギー

単位は，$(\text{kN})^2 \times \text{m}/\{(\text{kN/m}^2) \times \text{m}^2\} = \text{kN·m}$ となり，（力 × 変形）の単位となっている．

(2) 曲げモーメントによるひずみエネルギー

部材の水平方向に x，断面内で高さ y の位置にある微小部分のひずみエネルギーを求める（図 12.3）．

$$P_x = \sigma_y \, dA, \qquad d\delta_x = \varepsilon_y \, dx = \frac{\sigma_y}{E} \, dx \tag{12.7}$$

$\sigma_y = (2\sigma_c/h)y$ の関係を用いて dA 部分のひずみエネルギー W_M'' は，

$$W_M'' = \frac{1}{2} P_x \, d\delta_x = \frac{\sigma_y{}^2}{2E} \, dAdx = \frac{2\sigma_c{}^2}{Eh^2} y^2 \, dAdx$$

となる．これを dA について積分すると，微小部分 dx の全断面のひずみエネルギー W_M' が得られる．

$$W_M' = \int W_M'' dA = \frac{2\sigma_c{}^2}{Eh^2} \int_{-\frac{h}{2}}^{\frac{h}{2}} y^2 \, dAdx = \frac{2\sigma_c{}^2}{Eh^2} I \, dx$$

ここに，断面二次モーメント：$I = \int_{-\frac{h}{2}}^{\frac{h}{2}} y^2 dA$

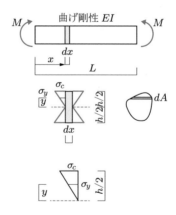

図 12.3　曲げモーメンによるひずみエネルギー

さらに，$\sigma_c = Mh/(2I)$ の関係を用いて，部材全長のひずみエネルギー W_M は，

$$W_M = \int_0^L W_M' \, dx = \int_0^L \frac{2\sigma_c{}^2}{Eh^2} I \, dx = \int_0^L \left(\frac{2}{Eh^2} \cdot \frac{M^2 h^2}{4I^2} \right) I \, dx$$

$$= \int_0^L \frac{M^2}{2EI}\, dx \tag{12.8}$$

となる．部材全長にわたり EI が一定であれば，次式となる．

$$W_M = \frac{M^2}{2EI}L \tag{12.9}$$

単位は，$(\text{kN·m})^2 \times \text{m}/\{(\text{kN/m}^2) \times \text{m}^4\} = \text{kN·m}$ となり，エネルギー量となっている．

（3）せん断力によるひずみエネルギー

部材の水平方向に x，断面内で高さ y の位置にある微小部分のひずみエネルギー W_Q'' を求める（図 12.4）．

$$P_x = \tau_y\, dA, \qquad d\delta_x = \gamma_y\, dx \tag{12.10}$$

さらに，$\tau_y = QS_y/bI$ の関係を用いて（10.3 節参照），

$$W_Q'' = \frac{1}{2}P_x\, d\delta_x = \frac{\tau_y{}^2}{2G}\, dAdx = \frac{Q^2 S_y{}^2}{2Gb^2 I^2}\, dAdx$$

となる．これを dA について積分すると，つぎのように微小部分 dx の全断面のひずみエネルギー W_Q' が得られる．

$$W_Q' = \int W_Q''\, dA = \int_{-\frac{h}{2}}^{\frac{h}{2}} \frac{Q^2 S_y{}^2}{2Gb^2 I^2}\, dAdx$$

さらに，係数 κ を定義し $\kappa = A\int_{-h/2}^{h/2}\left(S_y{}^2/b^2 I^2\right) dA$ を用いて，部材全長について積分すれば，つぎのように全体のひずみエネルギー W_Q が求められる．

$$W_Q = \int_0^L W_Q'\, dx = \int_0^L \int_{-\frac{h}{2}}^{\frac{h}{2}} \frac{Q^2 S_y{}^2}{2Gb^2 I^2}\, dAdx = \int_0^L \frac{\kappa Q^2}{2GA}\, dx \tag{12.11}$$

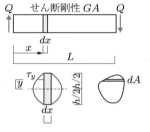

図 12.4　せん断力によるひずみエネルギー

部材全長にわたり GA が一定であれば，次式となる．

$$W_{iQ} = \frac{\kappa Q^2}{2GA} L \tag{12.12}$$

単位は，$(kN)^2 \times m/\{(kN/m^2) \times m^2\} = kN\cdot m$ となり，エネルギー量となっている．

(4) 全体のひずみエネルギー

部材の全体エネルギーは，各ひずみエネルギーの総和として与えられる．

$$W = W_N + W_M + W_Q$$
$$= \int_0^L \frac{N^2}{2EA}\,dx + \int_0^L \frac{M^2}{2EI}\,dx + \int_0^L \frac{\kappa Q^2}{2GA}\,dx \tag{12.13}$$

以上の計算は，一つの部材について行ってきたが，構造物が複数の部材から構成されている場合には，全部材のひずみエネルギーを集計してやれば，構造物全体のひずみエネルギーを算定できる．

さらに，このひずみエネルギーの総和は外力の仕事と等しいから，一つの外力 P_0 により変形 δ_0 が生じたとすると，

$$W = \frac{1}{2} P_0 \delta_0 = \int_0^L \frac{N^2}{2EA}\,dx + \int_0^L \frac{M^2}{2EI}\,dx + \int_0^L \frac{\kappa Q^2}{2GA}\,dx \tag{12.14}$$

となり，この関係から変形量 δ_0 を求めることも可能である．

例題 12.1 軸方向力を受ける部材のひずみエネルギー

図の応力時の圧縮ひずみによるひずみエネルギー W_N を求めよ．ただし，ヤング係数 $E = 2.1 \times 10^7\,kN/m^2$ とする．

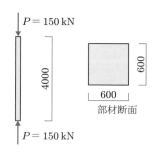

解答 •••

軸方向力 $N = P$ である．

$$W_N = \int_0^L \frac{N^2}{2EA}\,dx = \frac{P^2}{2EA} \int_0^L dx = \frac{P^2}{2EA} [x]_0^L = \frac{P^2 L}{2EA}$$
$$= \frac{(150)^2 \times 4.0}{2 \times 2.1 \times 10^7 \times (0.60 \times 0.60)} = 5.95 \times 10^{-3}\,kN\cdot m$$

•••

例題 12.2　**ひずみエネルギー**

図(a)の集中荷重を受ける単純梁の曲げモーメントと，曲げ変形によるひずみエネルギー W_M を求めよ．ただし，ヤング係数 $E = 2.1 \times 10^7\,\mathrm{kN/m^2}$ である．

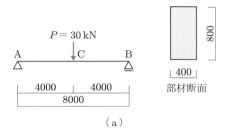

（a）

解答

曲げモーメントは図(b)に示すようになる．エネルギーの計算は，対称条件があるため左半分のみ（$x = 0 \sim L/2$）を計算して2倍する．

x の位置の曲げモーメントは，$M_x = Px/2$ である．

[M図]

（b）

$$
\begin{aligned}
W_M &= \int_0^L \frac{M_x{}^2}{2EI}\,dx \\
&= 2\int_0^{\frac{L}{2}} \frac{M_x{}^2}{2EI}\,dx = \frac{1}{EI}\int_0^{\frac{L}{2}} \left(\frac{Px}{2}\right)^2 dx \\
&= \frac{P^2}{4EI}\left[\frac{x^3}{3}\right]_0^{\frac{L}{2}} = \frac{P^2}{12EI} \times \left(\frac{L}{2}\right)^3 = \frac{P^2 L^3}{96EI} \\
&= \frac{(30)^2 \times (8.0)^3}{96 \times (2.1 \times 10^7) \times \dfrac{0.4 \times (0.8)^3}{12}} = 1.34 \times 10^{-2}\,\mathrm{kN \cdot m}
\end{aligned}
$$

例題 12.3　**片持梁の曲げモーメントによるひずみエネルギー**

図(a)の片持梁の曲げモーメントによるひずみエネルギーを求めよ．ただし，部材の曲げ剛性は EI とする．

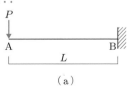

（a）

解答 ••

図(b)に示すように，x の位置の曲げモーメントは，

$$M_x = -Px$$

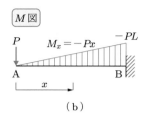

(b)

となり，その値を用いて曲げモーメントによるひずみエネルギーは，つぎのようになる．

$$W_M = \int_0^L \frac{M_x{}^2}{2EI}\, dx = \int_0^L \frac{P^2 x^2}{2EI}\, dx$$

$$= \left[\frac{P^2 x^3}{6EI}\right]_0^L = \frac{P^2 L^3}{6EI}$$

なお，外力による仕事を計算すると，P による曲げ変形 $\delta = PL^3/(3EI)$ であるので，外力のする仕事 W は $W = (1/2)\,P\delta = (1/2)\,P(PL^3)/(3EI) = (P^2 L^3)/(6EI) = W_M$ となり，逆に $\delta = (2W_M)/P = (PL^3)/(3EI)$ として，δ を求めることもできる．

••

例題 12.4　等分布荷重を受ける単純梁の曲げモーメントによるひずみエネルギー

図(a)の単純梁について，曲げモーメントによるひずみエネルギーを求めよ．ただし，部材の曲げ剛性は EI とする．

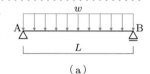

(a)

解答 ••

図(b)に示すように，x の位置の曲げモーメントは，

$$M_x = \frac{1}{2}wx(L-x) = \frac{w}{2}(Lx - x^2)$$

となり，曲げモーメントによるひずみエネルギーは，つぎにようになる．

$$W_M = \int_0^L \frac{M_x{}^2}{2EI}\, dx = \int_0^L \frac{1}{2EI}\frac{w^2}{2^2}(Lx - x^2)^2\, dx$$

$$= \frac{w^2}{8EI} \int_0^L (L^2 x^2 - 2Lx^3 + x^4)\, dx$$

$$= \frac{w^2}{8EI}\left[\frac{L^2 x^3}{3} - \frac{Lx^4}{2} + \frac{x^5}{5}\right]_0^L = \frac{w^2 L^5}{8EI}\left(\frac{1}{3} - \frac{1}{2} + \frac{1}{5}\right) = \frac{w^2 L^5}{240EI}$$

••

12.3 仮想仕事の原理

釣り合っている弾性構造体に，仮想の外力を与えて釣り合い位置より微小に変位させ仕事をさせるとき，その仕事を仮想仕事（virtual work）という．このときの，外力とは節点荷重およびモーメントであり，変位とは X，Y 方向の変位 [mm] および回転角 [rad] である．

ある点の変位や回転角を求める一般的な方法は，つぎの仮想仕事の原理から導かれる．

$$\delta = \int \overline{F}\Delta \tag{12.15}$$

ここに，δ：構造物のある点のある方向の変位
$\overline{F}$：δ を求めようとする点に，単位の仮想外力（集中荷重やモーメント）を作用させたときに，Δ の各場所に生じる部材応力
Δ：応力に応じて構造体の各場所に生じる微小変形

微小変形（ΔL, $\Delta\theta$, ΔS）は，（軸方向力 N，曲げモーメント M，せん断力 Q）に対して，式(11.1)より $\Delta L = (N/EA)\,dx$，式(11.2)より $\Delta\theta = (M/EI)\,dx$，式(11.3)より $\Delta s = (\kappa Q/GA)\,dx$ と表される．

また，仮想外力による部材応力も $(\overline{N}, \overline{M}, \overline{Q})$ の 3 種類を用いて，これらを式(12.15)に代入すると，仮想仕事の原理を表す次式が得られる．

$$\delta = \int \frac{\overline{N}N}{EA}dx + \int \frac{\overline{M}M}{EI}dx + \int \frac{\kappa\overline{Q}Q}{GA}dx \tag{12.16}$$

ここに，δ：構造物のある点（n 点）に生じている変位（回転角）
$\overline{N}$, $\overline{M}$, $\overline{Q}$：n 点に仮想外力を作用させたときに生じる部材応力
N, M, Q：構造物に作用した外力により生じている部材応力

構造物の任意点の変形を求めたいときには，その点に仮想外力 1 を与えてそれによる部材応力 $\overline{N}$, $\overline{M}$, $\overline{Q}$ を計算し，式(12.16)より，求めたい位置での変形を計算できる．

δ としては，仮想外力が力のときは変形 δ[mm] が，モーメントのときは回転角 θ[rad] が求められる．

梁やラーメン構造の変形量は曲げ変形が支配的であるので，通常は，曲げモーメントの項のみを計算し，N と Q の変形に与える影響は無視する．また，トラス構造の場合には M と Q がないので，軸方向力 N の項のみを用いる．

例題 12.5　片持梁の曲げ変形

図(a)の片持梁先端の A 点の曲げモーメントによる鉛直変形と回転角を，仮想仕事の原理により求めよ．ただし，部材の曲げ剛性は EI とする．

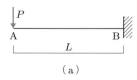

（a）

解答

鉛直変形（図(b)，(c)）：図に示すように，x の位置の曲げモーメントは，

$$M_x = -Px, \qquad \overline{M}_x = -x$$

となり，つぎのようになる．

$$\delta_\mathrm{A} = \int_0^L \frac{\overline{M}M}{EI}\,dx = \int_0^L \frac{(-Px)(-x)}{EI}\,dx$$
$$= \frac{P}{EI}\left[\frac{x^3}{3}\right]_0^L = \frac{PL^3}{3EI}$$

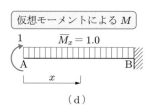

（b）

（c）

回転角（図(d)）：仮想の単位モーメントによる曲げモーメントは，

$$\overline{M}_x = 1.0$$

となり，つぎのようになる．

$$\theta_\mathrm{A} = \int_0^L \frac{\overline{M}M}{EI}\,dx = \int_0^L \frac{(-Px)(1.0)}{EI}\,dx$$
$$= \frac{P}{EI}\left[-\frac{x^2}{2}\right]_0^L = -\frac{PL^2}{2EI}$$

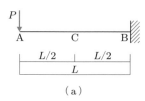

（d）

回転角は反時計まわりであり，負の値となっている．

例題 12.6　片持梁の曲げ変形

図(a)の片持梁の中央 C 点の曲げモーメントによる鉛直変形と回転角を，仮想仕事の原理により求めよ．ただし，部材の曲げ剛性は EI とする．

（a）

解答・・・

鉛直変形（図(b)，(c)）：図に示すように，x の位置の曲げモーメントは，

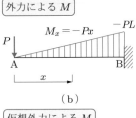

$$M_x = -Px, \qquad \overline{M}_x = -\left(x - \frac{L}{2}\right) \quad \left(x = \frac{L}{2} \sim L\right)$$

となり，つぎのようになる。

$$\delta_C = \int_0^L \frac{\overline{M}M}{EI}\, dx = \int_{\frac{L}{2}}^L \frac{-(-Px)(x - L/2)}{EI}\, dx$$

$$= \frac{P}{EI}\left[\frac{x^3}{3} - \frac{Lx^2}{4}\right]_{\frac{L}{2}}^L = \frac{5PL^3}{48EI}$$

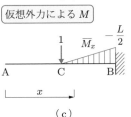

回転角（図(d)）：仮想の単位モーメントによる曲げモーメントは，

$$\overline{M}_x = -1.0 \quad \left(x = \frac{L}{2} \sim L\right)$$

となり，つぎのようになる。

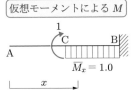

$$\theta_C = \int_0^L \frac{\overline{M}M}{EI}\, dx = \int_{\frac{L}{2}}^L \frac{(-Px)(1.0)}{EI}\, dx$$

$$= \frac{P}{EI}\left[-\frac{x^3}{2}\right]_{\frac{L}{2}}^L = -\frac{P}{2EI}\left(-L^2 + \frac{L^2}{4}\right) = -\frac{3PL^2}{8EI}$$

回転角は反時計まわりであり，負の値となっている。

・・

12.4 トラス構造物の変形

構造物の変形は，仮想仕事の原理の式(12.16)を用いて以下のように求められる。

$$\delta = \int \frac{\overline{M}M}{EI}\, dx + \int \frac{\overline{N}N}{EA}\, dx + \int \frac{\kappa\overline{Q}Q}{GA}\, dx$$

トラス構造の場合は，部材応力は軸方向力のみであるから，曲げモーメントとせん断力に関する第1項と第3項は0となる。すなわち，

$$\delta = \int \frac{\overline{N}N}{EA}\, dx \tag{12.17}$$

である．さらに，トラス部材の軸方向力は，各部材ごとに一定値をとるので，積分計算は単に部材長さ L_i を掛ければよい．

全体としては，部材数 1〜n までの和をとって次式のようになる．

$$\delta = \sum_{i=1}^{n} \frac{\overline{N}_i N_i L_i}{E_i A_i} \tag{12.18}$$

ここに，$\overline{N}_i$：仮想荷重による i 番目の部材の軸方向力

N_i：作用荷重による i 番目の部材の軸方向力

L_i：i 番目の部材の長さ

$E_i A_i$：i 番目の部材のヤング係数と断面積

通常は，同じトラスでは同一材料を使用するので，ヤング率 E_i は同一であることが多く同じ値 E となり，部材断面積も同一であれば A となる．そのような場合は，

$$\delta = \frac{\displaystyle\sum_{i=1}^{n} \overline{N}_i N_i L_i}{EA} \tag{12.19}$$

となる．上式により変形量を計算するためには，表計算により

① 仮想荷重時 $\overline{N}_i$　　② 作用荷重時 N_i　　③ $\overline{N}_i N_i = ① \times ②$

④ 部材長さ L_i　　⑤ $\overline{N}_i N_i L_i$

を順次記入，計算して，最終的に全部材を合計して $1/EA$ を掛けて，変形量 δ が得られる．

例題 12.7　静定トラスの変形

図 (a) の静定トラスについて，つぎの各問に答えよ．ただし，ヤング係数 $E = 2.1 \times 10^5\,\mathrm{N/mm^2}\ (= 2.1 \times 10^2\,\mathrm{kN/mm^2})$，部材の断面積 A はすべて $5000\,\mathrm{mm^2}$ $(= 50\,\mathrm{cm^2})$ とする．

(1)　E 点に仮想荷重 1 を与えたとき，トラスに生じる軸方向力 $\overline{N}_i$ を計算せよ．

(2)　計算表を用いて，E 点の鉛直変形量 δ_E を求めよ．

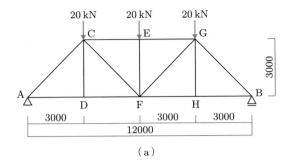

（a）

解答 •

（1） 仮想荷重時の軸方向力 $\overline{N}_i$：E 点に単位の下向き集中荷重を作用させたとき，各部材の軸方向力は図(b)のようになる．

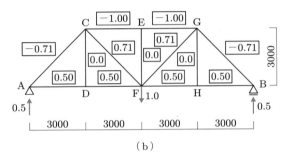

（b）

（2） 変形計算：実荷重時の軸方向力 N_i は，演問題 7.4 の計算結果による．

E 点の鉛直変形量 δ_E

$$\delta_\mathrm{E} = \frac{\sum \overline{N}_i N_i L_i}{EA} = \frac{75.9 \times 10^4}{2.1 \times 10^2 \times 5000} = 7.2 \times 10^{-1} = 0.72\,\mathrm{mm}$$

（変形計算表）

部材	$\overline{N}_i$	N_i [kN]	$\overline{N}_i N_i$ [kN]	L_i [mm]	$\overline{N}_i N_i L_i$
AD	0.50	30	15	3000	4.5×10^4
AC	-0.71	-42	30	4240	12.7×10^4
CD	0.00	0	0	3000	0
DF	0.50	30	15	3000	4.5×10^4
DF	0.71	14	10	4240	4.2×10^4
CE	-1.00	-40	40	3000	12.0×10^4
EF	0.00	-20	0	3000	0
EG	-1.00	-40	40	3000	12.0×10^4
GE	0.71	14	10	4240	4.2×10^4
GE	0.50	30	15	3000	4.5×10^4
FH	0.00	0	0	3000	0
GB	-0.71	-42	30	4240	12.7×10^4
HB	0.50	30	15	3000	4.5×10^4
				$\sum \overline{N}_i N_i L_i$	75.9×10^4

・・

例題 12.8　静定トラスの変形

　図 (a) の静定トラスについて，つぎの各問に答えよ．ただし，ヤング係数
$E = 2.1 \times 10^5 \,\mathrm{N/mm^2}$，部材の断面積 A はすべて $10000\,\mathrm{mm^2}\ (=100\,\mathrm{cm^2})$ とする．

（1）　G 点に仮想荷重 1 を与えたとき，トラスに生じる軸方向力 $\overline{N}_i$ を計算せよ．

（2）　計算表を用いて，G 点の鉛直変形量 δ_G を求めよ．

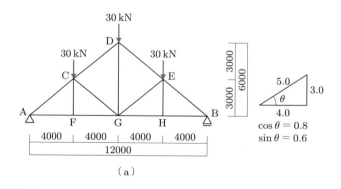

（a）

解答 ・・

（1）　仮想荷重時の軸方向力 $\overline{N}_i$ （対称のため右半分の値省略．図 (b)）

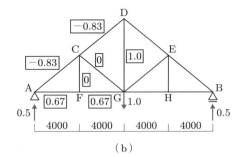

（b）

実荷重時の軸方向力 N_i（例題 7.2 の計算結果による．図(c)）

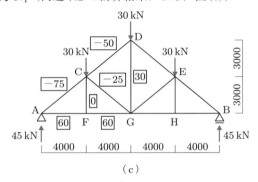

（c）

（2）つぎの変形計算表が得られる．

部材	$\overline{N}_i$	N_i [kN]	$\overline{N}_i N_i$ [kN]	L_i [mm]	$\overline{N}_i N_i L_i$
AC	-0.83	-75	62	5000	31×10^4
CD	-0.83	-50	42	5000	21×10^4
DE	-0.83	-50	42	5000	21×10^4
EB	-0.83	-75	62	5000	31×10^4
AF	0.67	60	40	4000	16×10^4
FG	0.67	60	40	4000	16×10^4
GH	0.67	60	40	4000	16×10^4
HB	0.67	60	40	4000	16×10^4
FC	0	0	0	3000	0
CG	0	-25	0	5000	0
GE	0	-25	0	5000	0
EH	0	0	0	3000	0
DG	1.00	30	30	6000	18×10^4
				$\sum \overline{N}_i N_i L_i$	186×10^4

D 点の鉛直変形量 δ_{D}

$$\delta_{\mathrm{D}} = \int \frac{N_i N_i L_i}{EA} = \frac{186 \times 10^4}{2.1 \times 10^2 \times 10000} = 8.9 \times 10^{-1} = 0.89\,\mathrm{mm}$$

・・・

例題 12.9　静定トラスの節点変位による変形

　例題 12.8 の静定トラスについて，荷重による応力 N のために，各接合端に $1\,\mathrm{mm}$ の変位（ずれやめり込み）が生じた（節点相互の距離が $2\,\mathrm{mm}$ ずつ伸縮した）とすると，中央点 G に生じる変位を計算せよ.

解答　・・

（1）　本来，仮想仕事の原理は，力の釣り合い条件と構造物に生じる微小変形を関係付けたものである. したがって，トラス構造物の節点に変位が生じて，材長さが ΔL だけ伸縮したとき，ある節点の変位は，式(12.15)を変形した次式で求めることができる.

$$\delta = \sum \overline{N} \Delta L$$

ここに，$\overline{N}$ は引張りのときに正，ΔL は伸びを正とする.

（2）　変形計算表

部材	$\overline{N}_i$	$\Delta_i\,[\mathrm{mm}]$	$N_i,\ \Delta_i\,[\mathrm{mm}]$
AC	-0.83	-2	1.66
CD	-0.83	-2	1.66
DE	-0.83	-2	1.66
EB	-0.83	-2	1.66
AF	0.67	2	1.34
FG	0.67	2	1.34
GH	0.67	2	1.34
HB	0.67	2	1.34
FC	0	2	0
CG	0	2	0
GE	0	2	0
EH	0	2	0
DG	1.00	2	2.00
		$\sum \overline{N}_i \Delta_i$	14.0

（3）　計算結果：D 点の鉛直変形量 δ_D は，$\delta_\mathrm{D} = 14.0\,\mathrm{mm}$ となる．この値は，例題 12.8 と比較して大きい変位量であり，節点の変形がトラスの全体変形に与える影響が大きいことがわかる．

⋯⋯⋯⋯⋯⋯⋯⋯⋯⋯⋯⋯⋯⋯⋯⋯⋯⋯⋯⋯⋯⋯⋯⋯⋯⋯⋯⋯⋯

演習問題

12.1　［ひずみエネルギー］問図 12.1 の柱について，つぎの各問に答えよ．ただし，ヤング係数 $E = 2.1 \times 10^5\,\mathrm{N/mm^2}$ とする．

（1）　軸方向力による軸方向応力度 σ_n を求めよ．

（2）　圧縮によるひずみエネルギー W_N を求めよ．

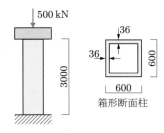

問図 12.1

12.2　［片持梁の曲げによるひずみエネルギー］問図 12.2 の片持梁について，つぎの各問に答えよ．ただし，ヤング係数 $E = 2.1 \times 10^5\,\mathrm{N/mm^2}$ とする．

（1）　B 点における曲げ応力度 σ_t，σ_c を求めよ．

（2）　曲げによるひずみエネルギー W_M を求めよ．

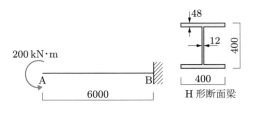

問図 12.2

12.3　［単純梁の曲げによるひずみエネルギー］問図 12.3 の単純梁について，つぎの各問に答えよ．ただし，ヤング係数 $E = 2.1 \times 10^4\,\mathrm{N/mm^2}$ とする．

（1）　C 点における曲げ応力度 σ_t，σ_c を求めよ．

（2）　曲げによるひずみエネルギー W_M を求めよ．

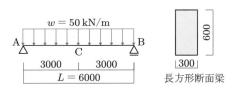

問図 12.3

演習問題解答

第 1 章

1.1 代表的な自然現象としては，まず重力加速度があげられる．これは結果として鉛直下向きの自重として作用する．つぎに，風（季節風や台風），雪，地震などの自然現象により，鉛直方向や水平方向の荷重が作用する．日本はこれらの自然災害が多い土地柄であり，これらの自然現象に対する建築物の安全性確保が大切である．

1.2 ラーメン構造は，最も一般的な建築構造物であり，柱（鉛直部材）とそれに剛接された梁（水平部材）から構成されている．柱と梁が構造部材としてはたらき，鉛直荷重や水平荷重に耐えることができる．1 層 1 スパンのラーメンを「門形ラーメン」，層数やスパン数が多くなると「多層多スパンラーメン」などという．

1.3 左は曲げモーメント M の単位であり kN·m であり，右は PL であるから kN × m = kN·m となり，当然であるが同じ単位となっている．

第 2 章

2.1 図式解法は解図 2.1，数式解法はつぎのとおりである．

$$R_X = 4.1, \qquad R_Y = 2.0$$

$$R = \sqrt{R_X{}^2 + R_Y{}^2} = 4.6\,\text{kN}$$

$$\tan\theta = \frac{R_Y}{R_X} = \frac{2.0}{4.1} = 0.49 \to \theta = 26°$$

解図 2.1 図式解法

2.2 図式解法は解図 2.2，数式解法はつぎのとおりである．
求める合力 R の X，Y 成分を R_X，R_Y とする．

$$R_X = 13.1, \qquad R_Y = -11.8$$

$$R = \sqrt{R_X{}^2 + R_Y{}^2} = 17.5\,\text{kN}$$

$$\tan\theta = \frac{R_Y}{R_X} = \frac{-11.8}{13.1} = -0.90 \to \theta = -42°$$

2.3 F_1 と F_2 の合力と F_A と F_B の合力の X，Y 方向成分は等しい．

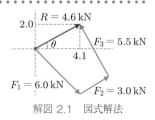

解図 2.2 図式解法

X 方向成分　$F_2 \cos 30° = F_A \cos 30° + F_B \to 21.2 = \dfrac{2}{\sqrt{3}} F_A + F_B$

Y 方向成分　$F_1 - F_2 \sin 45° = F_A \sin 30° \to 40 - 21.2 = \dfrac{1}{2} F_A$

$F_A = 37.6 \,\mathrm{kN}, \qquad F_B = -11.4 \,\mathrm{kN}$

2.4 求める力 F の X, Y 成分を F_X, F_Y とする．F_1 と F_2 の合力は，F の逆向きの力である．

$F_X = 9.1 \,\mathrm{kN}, \qquad F_Y = 22.8 \,\mathrm{kN}$

$F = \sqrt{F_X{}^2 + F_Y{}^2} = 24.5 \,\mathrm{kN}$

$\tan \theta = \dfrac{F_Y}{F_X} = \dfrac{22.8}{9.1} = 2.51 \to \theta = 68°$

2.5 F_1 と F_2，F_3 と F_4 はそれぞれ同じ大きさで逆向きであり，合力の和は 0 である．また，O 点まわりのモーメントを計算すると，つぎのようになる．

$$\sum M_{\mathrm{O}\,点} = F_2 \times 5.0 - F_4 \times 3.0 = 0$$

よって，力 F_1，F_2，F_3 と F_4 は釣り合っている．

2.6 F_1 と F_2 の合力 R は，F_3 と同じ大きさで向きが逆向きである．しかし，R と F_3 は平行のため偶力モーメントが発生する．よって，力 F_1，F_2，F_3 は釣り合っていない．

2.7 $F = 15 \,\mathrm{kN}$（上向き）

$$\sum M_{\mathrm{O}\,点} = 20 \times 2.0 - 30 \times 4.0 + 10 \times 7.0 = -Fx$$

$$\to x = 0.67 \,\mathrm{m}$$

合力は，上向き $15 \,\mathrm{kN}$ の力となり，作用線は O 点より右に $0.67 \,\mathrm{m}$ の距離を通る．

2.8 連力図（解図 2.3 (a)）より三つの力 F_1，F_2，F_3 の合力を求める．また，示力図は解図 2.3 (b) のとおりである．

2.9 F_A，F_B，F_C の三力が釣り合うことは，F_A と F_C の合力 R と F_B が釣り合うことと同じである．つまり F_B は，R と同じ大きさで向きは正反対である（解図 2.4）．

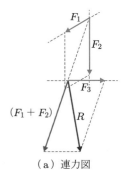

（a）連力図

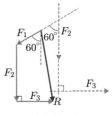

（b）示力図

解図 2.3

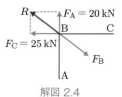

解図 2.4

第 3 章

3.1 (a) $P = 1$　(b) $P = 0$　(c) $P = 2$　(d) $P = 1$　(e) $P = 3$

3.2 (a) 安定，1 次不静定　$m = 1$，$r = 4$，$p = 0$，$k = 2$，$N = 1$

(b) 安定，静定　　　　$m = 4$，$r = 3$，$p = 3$，$k = 5$，$N = 0$

(c) 不安定　　　　　　　　$m = 4,$　$r = 3,$　$p = 0,$　$k = 4,$　$N = -1$
(d) 安定，静定　　　　　　$m = 17,$　$r = 3,$　$p = 0,$　$k = 10,$　$N = 0$
(e) 安定，9次不静定　　　$m = 8,$　$r = 9,$　$p = 8,$　$k = 8,$　$N = 9$
3.3　(a) 安定，静定　　　　$m = 2,$　$r = 3,$　$p = 1,$　$k = 3,$　$N = 0$
　　　(b) 安定，静定　　　　$m = 3,$　$r = 3,$　$p = 2,$　$k = 4,$　$N = 0$
　　　(c) 不安定　　　　　　$m = 6,$　$r = 3,$　$p = 2,$　$k = 6,$　$N = -1$
　　　(d) 安定，1次不静定　$m = 6,$　$r = 3,$　$p = 0,$　$k = 4,$　$N = 1$
　　　(e) 安定，18次不静定　$m = 15,$　$r = 9,$　$p = 18,$　$k = 12,$　$N = 18$
　　　(f) 安定，静定　　　　$m = 9,$　$r = 3,$　$p = 0,$　$k = 6,$　$N = 0$

第4章

4.1〜4.7　反力と応力図はそれぞれ解図 4.1〜4.7 のようになる.

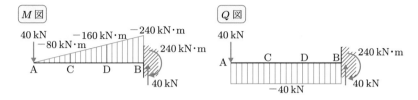

解図 4.1

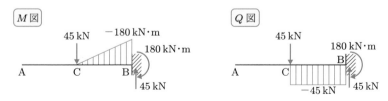

解図 4.2

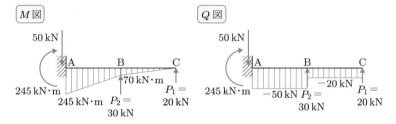

解図 4.3

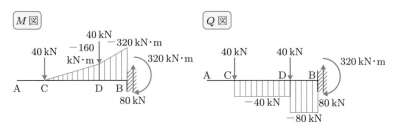

解図 4.4

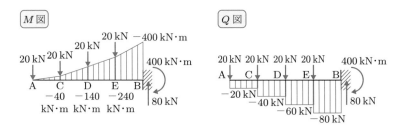

解図 4.5

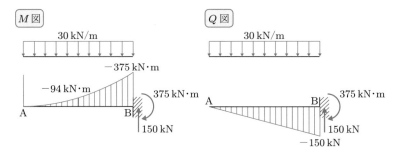

解図 4.6

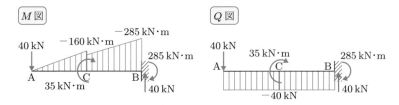

解図 4.7

第 5 章

5.1〜5.6　反力と応力図はそれぞれ解図 5.1〜5.6 のようになる.

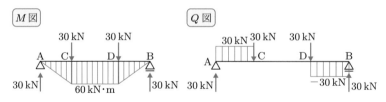

解図 5.1

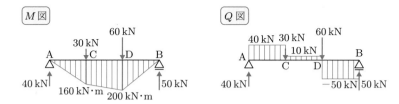

解図 5.2

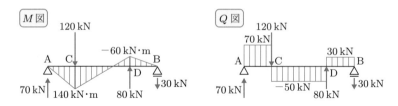

解図 5.3

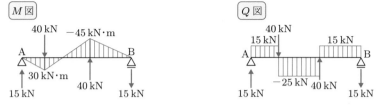

解図 5.4

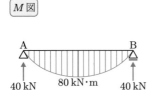

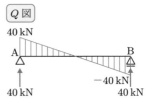

解図 5.5

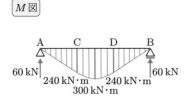

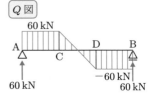

解図 5.6

第6章

6.1〜6.10　反力と応力図はそれぞれ解図 6.1〜6.10 のようになる.

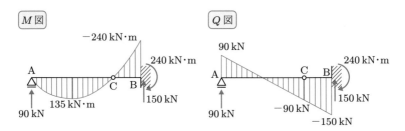

解図 6.1

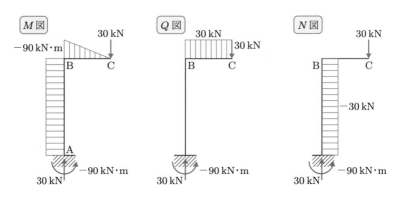

解図 6.2

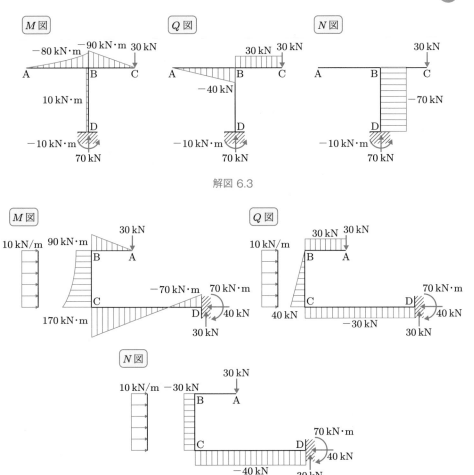

解図 6.3

解図 6.4

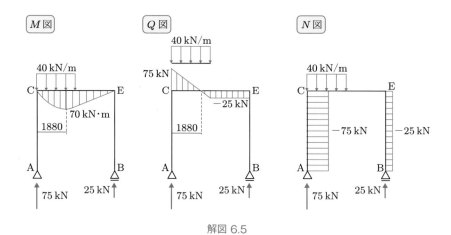

解図 6.5

解図 6.6

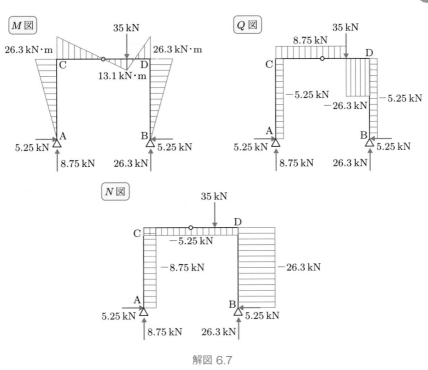

解図 6.7

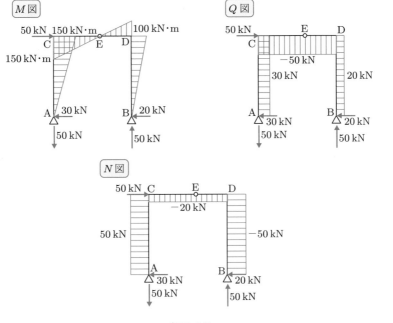

解図 6.8

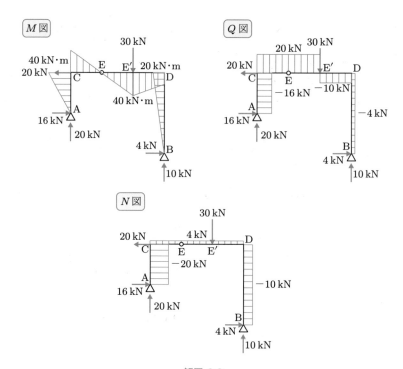

解図 6.9

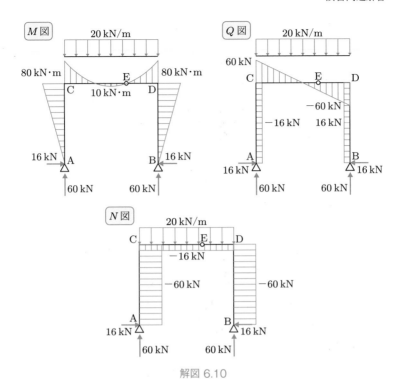

解図 6.10

7.1　反力と部材応力（対称のため左半分を示す）：水平反力がないので，無応力材が多数存在することに注意する．

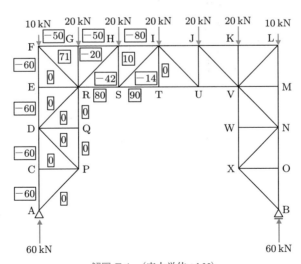

解図 7.1　（応力単位：kN）

7.2 反力と部材応力：対称のため左半分を示す．斜材は引張りになる．

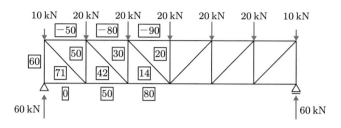

解図 7.2 （応力単位：kN）

7.3 反力と部材応力：対称のため左半分を示す．斜材は圧縮になる．斜材の組み方による弦材の応力の差異を，演習問題 7.2 と比較してみよう．

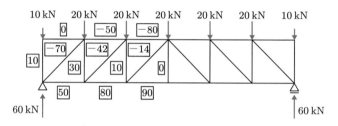

解図 7.3 （応力単位：kN）

7.4 反力と部材応力：上弦材には圧縮力，下弦材には引張力，斜材には圧縮力，引張力が交互に作用している．また，CD 材は無応力材である．

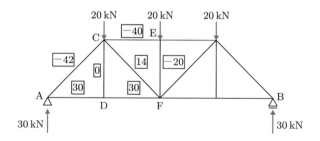

解図 7.4 （応力単位：kN）

7.5 反力と部材応力：演習問題 7.1 と同じ部材応力が得られているかを確認する．

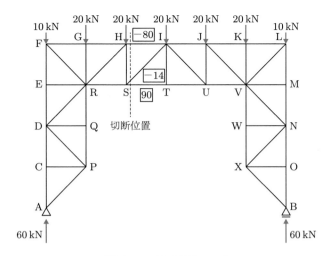

解図 7.5　（応力単位：kN）

7.6　反力と部材応力：鉛直に切断する.

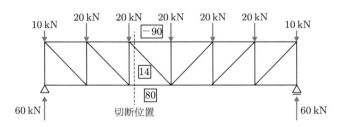

解図 7.6　（応力単位：kN）

7.7　反力と部材応力：三つの部材応力が見えるように，斜めに切断する．もちろん，鉛直に
　　2 回切断してもよい．

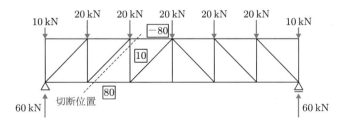

解図 7.7　（応力単位：kN）

7.8 反力と部材応力

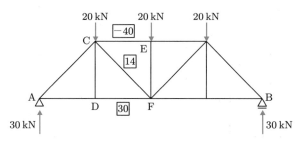

解図 7.8 （応力単位：kN）

第 8 章

8.1 引張応力度 $\sigma = \dfrac{P}{A} = \dfrac{50 \times 10^3}{2500} = 20.0\,\text{N/mm}^2$

8.2 断面積 $A = 3.14 \times 50^2 = 7.85 \times 10^3\,\text{mm}^2$

$\quad$ 圧縮応力度 $\sigma = \dfrac{P}{A} = \dfrac{150 \times 10^3}{7.85 \times 10^3} = 19.1\,\text{N/mm}^2$

8.3 垂直応力度 $\sigma_x = \dfrac{P}{A} = \dfrac{100 \times 10^3}{7.85 \times 10^3} = 12.7\,\text{N/mm}^2$

$\quad$ (1) $\sigma_{45°} = \dfrac{\sigma_x}{2} + \dfrac{\sigma_x}{2}\cos 90° = \dfrac{12.7}{2} = 6.35\,\text{N/mm}^2$

$\quad \tau_{45°} = \dfrac{\sigma_x}{2}\sin 90° = \dfrac{12.7}{2} = 6.35\,\text{N/mm}^2$

$\quad$ (2) モールの応力円　中心と半径は，$\dfrac{1}{2}\sigma_x = \dfrac{12.7}{2} = 6.35$

$\quad$ （解図 8.1）

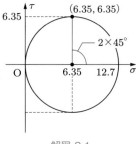

解図 8.1

8.4 ①　（A–A 断面）

$$\sigma_x = \frac{P}{A} = \frac{2700 \times 10^3}{9.0 \times 10^4} = 30.0\,\text{N/mm}^2$$

モール円上の位置は，$2\theta = 0$ より①．

②　（B–B 断面）

$$\sigma_{30°} = \frac{1}{2} \times 3.0 \times \{1 + \cos(2 \times 30°)\} = 22.5\,\text{N/mm}^2$$

$$\tau_{30°} = \frac{1}{2} \times 3.0 \times \sin(2 \times 30°) = 13.0\,\text{N/mm}^2$$

モール円上の位置は，$2\theta = 2 \times 30 = 60°$ より③．

③　（C–C 断面）

$$\sigma_{60°} = \frac{1}{2} \times 3.0 \times \{1 + \cos(2 \times 60°)\} = 7.5\,\text{N/mm}^2$$

$$\tau_{60°} = \frac{1}{2} \times 3.0 \times \sin(2 \times 60°) = 13.0\,\text{N/mm}^2$$

モール円上の位置は，$2\theta = 2 \times 60 = 120°$ より ⑤．

8.5　(1) $P = 500\,\mathrm{kN}$，$\sigma = \dfrac{P}{A}$ より，$A = \dfrac{P}{\sigma} = \dfrac{500 \times 10^3}{80} = 6.25 \times 10^3\,\mathrm{mm}^2$，

　　　　$d = \sqrt{A} = \sqrt{6.25 \times 10^3} = 79.1\,\mathrm{mm}$

　　(2) $\sigma = \varepsilon_1 E$ より，$\varepsilon_1 = \dfrac{\sigma}{E} = \dfrac{80}{2.1 \times 10^4} = 3.8 \times 10^{-3}$

　　　$\varepsilon_1 = \dfrac{\Delta L}{L}$ より，$\Delta L = \varepsilon_1 L = 3.8 \times 10^{-3} \times 1000 = 3.8\,\mathrm{mm}$

　　(3) $\nu = \dfrac{\varepsilon_2}{\varepsilon_1}$ より，$\varepsilon_2 = \nu \varepsilon_1 = 0.30 \times 3.8 \times 10^{-3} = 1.14 \times 10^{-3}$

　　　$\varepsilon_2 = \dfrac{\Delta d}{d}$ より，$\Delta d = \varepsilon_2 d = 1.14 \times 10^{-3} \times 79.1 = 9.02 \times 10^{-2}\,\mathrm{mm}$

8.6　(1) ひずみ度 $\varepsilon = \dfrac{P}{E_c\,(a_c + n \cdot a_s)} = \dfrac{2700 \times 10^3}{2.1 \times 10^4\,\{(5.76 \times 10^4 - 800) + 10 \times 800\}}$

　　　　　　$= 1.98 \times 10^{-3}$

縮み量 $\Delta L = 1.98 \times 10^{-3} \times 1000 = 1.98\,\mathrm{mm}$ となる．

(2) 必要鉄筋本数を x 本，コンクリート断面積 $A_c = 220 \times 220 = 4.84 \times 10^4\,\mathrm{mm}^2$，$n = 10$ であり，

$$1.98 \times 10^{-3} = \frac{2700 \times 10^3}{2.1 \times 10^4\,\{(4.84 \times 10^4 - 200x) + 10 \times 200x\}} \rightarrow x = 9.2$$

約 9 本必要となるので，あと 5 本必要となる．したがって，答えは②である．

第 9 章

9.1　$I_x = \left\{ \dfrac{1}{12}ta^3 + at \times \left(\dfrac{a}{2}\right)^2 \right\} + \left\{ \dfrac{1}{12}(a-t)t^3 + (a-t)t \times \left(\dfrac{t}{2}\right)^2 \right\}$

　　　$= \dfrac{1}{3}ta^3 + \dfrac{1}{3}(a-t)t^3$

　　$I_y = I_x = \dfrac{1}{3}ta^3 + \dfrac{1}{3}(a-t)t^3$

t が a に比較して小さい場合には，$I_x = \dfrac{1}{3}ta^3$ としてもよい．

9.2　(1) 断面一次モーメント（図心は断面対称軸上 $x_0 = 250\,\mathrm{mm}$，$y_0 = 0\,\mathrm{mm}$）

　　　　$S_x = 0.0\,\mathrm{mm}^3$，　　$S_y = 3.50 \times 10^7\,\mathrm{mm}^3$　$(A = 1.4 \times 10^5\,\mathrm{mm}^2)$

　　(2) 図心位置　(1)の理由より，$x_0 = 250\,\mathrm{mm}$，$y_0 = 0.0\,\mathrm{mm}$

　　(3) 断面二次モーメント　$I_x = 6.87 \times 10^9\,\mathrm{mm}^4$，$I_y = 1.09 \times 10^{10}\,\mathrm{mm}^4$

　　(4) 断面係数　$Z_{x0} = 2.29 \times 10^7\,\mathrm{mm}^3$，$Z_{y0} = 8.48 \times 10^6\,\mathrm{mm}^3$

　　(5) 断面二次半径　$i_{x0} = 222\,\mathrm{mm}$，$i_{y0} = 123\,\mathrm{mm}$

　　(6) 断面極二次モーメント　$I_P = I_{x0} + I_{y0} = 6.87 \times 10^9 + 2.12 \times 10^9 = 8.99 \times 10^9\,\mathrm{mm}^4$

9.3　図心位置 $y_0 = 190\,\mathrm{mm}$

　　　　$I_{x0} = 5.43 \times 10^8\,\mathrm{mm}^4$，　　$Z_t = 2.86 \times 10^6\,\mathrm{mm}^3$（下側），

$$Z_c = 4.93 \times 10^6 \, \text{mm}^3 \, (\text{上側})$$

9.4 断面二次モーメント $I_{x0} = 2.00 \times 10^8 \, \text{mm}^4$，断面係数 $Z = 1.33 \times 10^6 \, \text{mm}^3$

9.5 (1) 図心位置 例題 9.4 により，$x_0 = 125 \, \text{mm}$，$y_0 = 138 \, \text{mm}$

(2) 断面二次モーメントと断面二次半径

例題 9.4 により，$I_x = 6.35 \times 10^7 \, \text{mm}^4$，$I_y = 6.67 \times 10^7 \, \text{mm}^4$

$$i_x = \sqrt{\frac{I_x}{A}} = \sqrt{\frac{6.35 \times 10^7}{2.00 \times 10^4}} = 56.3 \, \text{mm}, \qquad i_y = \sqrt{\frac{I_y}{A}} = \sqrt{\frac{6.67 \times 10^7}{2.00 \times 10^4}} = 57.7 \, \text{mm}$$

(3) 断面極二次モーメント $I_p = I_x + I_y = 6.35 \times 10^7 + 6.67 \times 10^7 = 1.30 \times 10^8 \, \text{mm}^4$

第 10 章

10.1 (1) 断面二次モーメントと断面係数

$$I_{x0} = 3.13 \times 10^9 \, \text{mm}^4, \qquad Z_t = 1.25 \times 10^7 \, \text{mm}^3$$

(2) C 点の最大曲げ引張応力度

$$M_{\max} = \frac{wL^2}{8} = 22.5 \, \text{kN·m}, \qquad \sigma_b = \frac{M_{\max}}{Z_t} = \frac{22.5 \times 10^6}{1.25 \times 10^7} = 1.80 \, \text{N/mm}^2$$

10.2 (1) 断面二次モーメント $I_{x0} = 1.23 \times 10^8 \, \text{mm}^4$

(2) 最大曲げ応力度

$$M_{\max} = 80 \times 1.50 = 120 \, \text{kN·m} = 1.20 \times 10^8 \, \text{N·mm}$$

$$Z_t = \frac{I_{x0}}{D/2} = \frac{1.23 \times 10^8}{150} = 8.20 \times 10^5 \, \text{mm}^3$$

$$\sigma_b = \frac{M_{\max}}{Z_t} = \frac{1.20 \times 10^8}{8.20 \times 10^5} = 146 \, \text{N/mm}^2$$

10.3 $A = 350 \times 700 = 2.45 \times 10^5 \, \text{mm}^2, \qquad Z = 2.86 \times 10^7 \, \text{mm}^3$

最大曲げ応力度 $\quad \sigma_t = \dfrac{M_{\max}}{Z_t} = \dfrac{45 \times 2.0 \times 10^6}{2.86 \times 10^7} = 31.5 \, \text{N/mm}^2$

$$\sigma_c = \frac{M_{\max}}{Z_c} = -\frac{45 \times 2.0 \times 10^6}{2.86 \times 10^7} = -3.15 \, \text{N/mm}^2$$

圧縮応力度 $\quad \sigma_c = -\dfrac{N}{A} = -\dfrac{500 \times 10^3}{2.45 \times 10^5} = -2.04 \, \text{N/mm}^2$

合応力度 $\quad \sigma_t = -\dfrac{N}{A} + \dfrac{M_{\max}}{Z_t} = -2.04 + 3.15 = 1.11 \, \text{N/mm}^2$

$$\sigma_c = -\frac{N}{A} - \frac{M_{\max}}{Z_c} = -2.04 - 3.15 = -5.19 \, \text{N/mm}^2$$

10.4 (1) 断面の核の内部に入る点を求める．$B/6 = 700/6 = 117 \, \text{mm}$．よって，答えは ②，③．

(2) 柱断面軸方向応力度

$$I = 1.00 \times 10^{10}\,\text{mm}^4, \qquad A = 2.45 \times 10^5\,\text{mm}^2$$

（点③の応力度）　$\sigma = \pm \dfrac{P}{A} \pm \dfrac{M}{I}y = -\dfrac{500 \times 10^3}{2.45 \times 10^5} + \dfrac{500 \times 10^3 \times 180}{1.00 \times 10^{10}} \times 0$

$$= -2.04\,\text{N/mm}^2$$

（点④の応力度）　$\sigma = -\dfrac{500 \times 10^3}{2.45 \times 10^5} + \dfrac{500 \times 10^3 \times 180}{1.00 \times 10^{10}} \times 350 = -2.04 + 3.15$

$$= 1.11\,\text{N/mm}^2$$

（3）柱断面軸方向応力度

（点③の応力度）　$\sigma = \pm \dfrac{P}{A} \pm \dfrac{M}{I}y = -\dfrac{500 \times 10^3}{2.45 \times 10^5} + \dfrac{500 \times 10^3 \times 80}{1.00 \times 10^{10}} \times 0 = -2.04\,\text{N/mm}^2$

（点④の応力度）　$\sigma = -\dfrac{500 \times 10^3}{2.45 \times 10^5} + \dfrac{500 \times 10^3 \times 80}{1.00 \times 10^{10}} \times 350$

$$= -2.04 + 1.40 = -0.64\,\text{N/mm}^2$$

10.5　第1象限に圧縮力 P が作用しているとき

$\sigma_t = 0$ となる場合は，$\dfrac{6y_a}{D} + \dfrac{6x_a}{B} = 1$ となる.

ほかの象限も同様に考えられ，断面の核は
解図 10.1 の青色部分である.

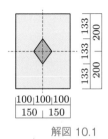

解図 10.1

$$x_a = 0\ \text{で}\ y_a = \frac{D}{6} = \frac{400}{6} = 67\,\text{mm}$$

$$y_a = 0\ \text{で}\ x_a = \frac{B}{6} = \frac{300}{6} = 50\,\text{mm}$$

10.6　（1）$I_a = 1.35 \times 10^9\,\text{mm}^4$，$I_b = 5.40 \times 10^9\,\text{mm}^4$，$I_a < I_b$ となる. したがって，a 軸まわりに座屈する.

（2）材端の支持条件から $L_k = 0.5L$.

$$P_k = \frac{\pi^2 E I_a}{L_k{}^2} = \frac{\pi^2 \times 2.1 \times 10^5 \times 1.35 \times 10^9}{(2000 \times 0.5)^2} = 2.80 \times 10^9\,\text{N} = 2.80 \times 10^6\,\text{kN}$$

（3）（A）もとの長さ L_1，変更後の長さ L_2.

$$\frac{\pi^2 EI}{(0.7L_2)^2} = \frac{\pi^2 EI}{(0.5L_1)^2}, \qquad L_2 = 0.71L_1, \qquad (\text{A}) = 0.71$$

（B）もとの断面二次モーメント I_1，変更後を I_2.

$$\frac{\pi^2 EI_1}{(0.5L)^2} = \frac{\pi^2 EI_2}{(0.7L)^2}, \qquad I_2 = 1.96I_1, \qquad (\text{B}) = 1.96$$

第11章

11.1 変形 $\delta_A = \dfrac{wL^4}{8EI}$,　　回転角 $\theta_A = -\dfrac{wL^3}{6EI}$

11.2 変形 $\delta_C = \dfrac{PL^3}{48EI}$,　　回転角 $\theta_A = \dfrac{PL^2}{16EI}$

11.3 仮想荷重の等価荷重 $P' = \dfrac{PL^2}{2EI} = \dfrac{3.60 \times 10^{12}}{EI}$

$$w_B{}' = \dfrac{M_B}{EI} = \dfrac{PL}{EI} = \dfrac{1.2 \times 10^5}{EI}$$

$$V_A{}' = L \times x_B{}' \times \dfrac{1}{2} = \dfrac{w_B{}' \cdot L}{2} = \dfrac{PL^2}{2EI} = \dfrac{3.6 \times 10^7}{EI}$$

A 点の仮想荷重に対するせん断力 $Q_A{}'$（解図 11.1）

$$Q_A{}' = V_A{}' = 9.52 \times 10^{-3}, \qquad \theta_A = 9.52 \times 10^{-3}\,\text{rad}$$

A 点の仮想荷重に対するモーメント $M_A{}'$

$$M_A{}' = P' \times \dfrac{2}{3}L$$
$$= \dfrac{3.60 \times 10^{12}}{EI} \times \dfrac{2}{3}L$$
$$= 38.1$$

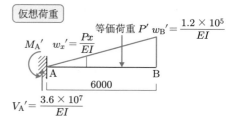

解図 11.1

よって，$\delta_A = 38.1\,\text{mm}$.

11.4 問 11.2 と同じ解となる.

$$\text{変形 } \delta_C = \dfrac{PL^3}{48EI}, \qquad \theta_A = \dfrac{PL^2}{16EI}$$

第12章

12.1 （1）軸方向応力度

$$A = 600^2 - 528^2 = 8.12 \times 10^4\,\text{mm}^2, \qquad \sigma_n = \dfrac{500 \times 10^3}{8.12 \times 10^4} = 6.16\,\text{N/mm}^2$$

（2）圧縮によるひずみエネルギー $W_N\,[\text{kN·mm}]$

$$W_N = \int_0^L \dfrac{N^2}{2EA}\,dx = \dfrac{P^2 L}{2EA} = 2.20\,\text{kN·mm}$$

12.2 （1）曲げ応力度

$$I = \dfrac{400 \times 400^3}{12} - \dfrac{388 \times 304^3}{12} = 1.22 \times 10^9\,\text{mm}^4$$
$$Z = \dfrac{1.22 \times 10^9}{200} = 6.10 \times 10^6\,\text{mm}^3$$

$$M = 200\,\text{kN·m}, \quad \sigma_t,\ \sigma_c = \pm\frac{2.00 \times 10^8}{6.10 \times 10^6} = \pm32.8\,\text{N/mm}^2$$

(2) 曲げによるひずみエネルギー W_M [kN·mm]

$$W_M = \int_0^L \frac{M^2}{2EI}\,dx = \frac{M^2 L}{2EI} = \frac{\left(2.00 \times 10^8\right)^2 \times 6000}{2 \times 2.1 \times 10^5 \times 1.22 \times 10^9}$$
$$= 4.68 \times 10^5\,\text{N·mm} = 4.68 \times 10^2\,\text{kN·mm}$$

12.3 (1) 曲げ応力度

$$M_{\max} = \frac{wL^2}{8} = \frac{50 \times 6.0^2}{8} = 225\,\text{kN·m}$$

$$Z = \frac{300 \times 600^2}{6} = 1.80 \times 10^7\,\text{mm}^3$$

$$\sigma_t,\ \sigma_c = \pm\frac{2.25 \times 10^8}{1.80 \times 10^7} = \pm12.5\,\text{N/mm}^2$$

(2) 曲げによるひずみエネルギー W_M [kN·mm]

$$W_M = \int_0^L \frac{M_x^2}{2EI}\,dx = \frac{w^2 L^5}{240EI} = \frac{50^2 \times 6000^5}{240 \times 2.1 \times 10^4 \times 5.40 \times 10^9}$$
$$= 7.14 \times 10^5\,\text{N·mm} = 7.14 \times 10^2\,\text{kN·mm}$$

（$w = 50\,\text{kN/m} = 50\,\text{N/mm}$ に注意）

付録 1　片持梁と単純梁の基本応力

		1a　片持梁の応力図	
	A B x L	M 図 M_x：x 点の曲げモーメント	Q 図 Q_x：x 点のせん断力
①先端集中	P A B L	$M_x = -Px$　$-PL$	$Q_x = -P$ $-P$
②中間集中	P A C B a　b L	$M_x = -P(x-a)$　$-Pb$ $(x > a)$ a　b	$Q_x = -P$ $(x > a)$ $-P$ a　b
③等分布	w A B L	$M_x = -\dfrac{wx^2}{2}$　$-\dfrac{wL^2}{2}$	$Q_x = -wx$ $-wL$
④等変分布	w A B L	$M_x = -\dfrac{wx^3}{6L}$　$-\dfrac{wL^2}{6}$	$Q_x = -\dfrac{wx^2}{2L}$ $-\dfrac{wL}{2}$
⑤先端M	M A B L	$M_x = M$ M	$Q_x = 0$ 0
⑥中間M	M A C B a　b L	$M_x = M$ $(x > a)$ M a　b	$Q_x = 0$ 0 a　b

1b　単純梁の応力図

		M 図	Q 図
	A ——————— B $x \longrightarrow$　L	M_x：x 点の曲げモーメント	Q_x：x 点のせん断力
①中央集中	P が C 点に作用 $L/2$　$L/2$，L	$M_x = \dfrac{Px}{2} \quad (x < \dfrac{L}{2})$ $\quad = -\dfrac{Px}{2} + \dfrac{PL}{2} \quad (x > \dfrac{L}{2})$ $\dfrac{PL}{4}$	$Q_x = \dfrac{P}{2} \quad (x < \dfrac{L}{2})$ $\quad = -\dfrac{P}{2} \quad (x > \dfrac{L}{2})$ $\dfrac{P}{2}$，$-\dfrac{P}{2}$
②集中荷重	P が C 点に作用 a　b，L	$M_x = \dfrac{bPx}{L} \quad (x < a)$ $\quad = \dfrac{aPx}{L} - Pa \quad (x > a)$ $\dfrac{abP}{L}$	$Q_x = \dfrac{bP}{L} \quad (x < a)$ $\quad = -\dfrac{aP}{L} \quad (x > a)$ $\dfrac{bP}{L}$，$-\dfrac{aP}{L}$
③等分布	w 等分布 $L/2$　$L/2$，L	$M_x = \dfrac{wx(L-x)}{2}$ $\dfrac{wL^2}{8}$	$Q_x = \dfrac{w(L-2x)}{2}$ $\dfrac{wL}{2}$，$-\dfrac{wL}{2}$
④等変分布	w 等変分布 L	$M_x = \dfrac{wx(L^2-x^2)}{6L}$ $0.064wL^2$ $0.577L$　$0.423L$	$Q_x = \dfrac{w(L^2-3x^2)}{6L}$ $\dfrac{wL}{6}$，$-\dfrac{wL}{3}$ $0.577L$　$0.423L$

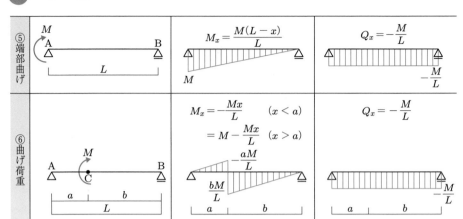

⑤端部曲げ	$M_x = \dfrac{M(L-x)}{L}$	$Q_x = -\dfrac{M}{L}$

⑥曲げ荷重

$$M_x = -\dfrac{Mx}{L} \quad (x < a)$$

$$= M - \dfrac{Mx}{L} \quad (x > a)$$

$$Q_x = -\dfrac{M}{L}$$

付録 2　片持梁と単純梁の変形

2a　片持梁の変形		
A ──── B ／／ x ← L	M図 $M_x : x$点の曲げモーメント	Q図 $Q_x : x$点のせん断力
① 先端集中 P ↓ A ──── B ／／ L	$\delta_\mathrm{A} = \delta_\mathrm{max} = \dfrac{PL^3}{3EI}$ $\delta_x = \dfrac{PL^3}{3EI}\left(1 - \dfrac{3x}{2L} + \dfrac{x^3}{2L^3}\right)$	$\theta_\mathrm{A} = -\dfrac{PL^2}{2EI}$ $\theta_x = -\dfrac{PL^2}{2EI}\left(1 - \dfrac{x^2}{L^2}\right)$
② 中間集中 P ↓ A ─ C ── B ／／ a ∣ b L	$\delta_\mathrm{A} = \dfrac{Pb^3}{3EI}\left(1 + \dfrac{3a}{2b}\right)$ $\delta_\mathrm{C} = \dfrac{Pb^3}{3EI}\quad (x > a)$ $\delta_x = \dfrac{Pb^3}{3EI}\left\{1 - \dfrac{3(x-a)}{2b}\right.$ $\left.+ \dfrac{(x-a)^3}{2b^3}\right\}$	$(x \leqq a)$ $\theta_x = -\dfrac{Pb^2}{2EI}$ $(x > a)$ $\theta_x = -\dfrac{Pb^2}{2EI}\left\{1 - \dfrac{(x-a)^2}{b^2}\right\}$
③ 等分布 w ↓↓↓↓↓↓↓↓↓↓ A ──── B ／／ L	$\delta_\mathrm{A} = \delta_\mathrm{max} = \dfrac{wL^4}{8EI}$ $\delta_x = \dfrac{wL^4}{8EI}\left(1 - \dfrac{4x}{3L} + \dfrac{x^4}{3L^4}\right)$	$\theta_\mathrm{A} = -\dfrac{wL^3}{6EI}$ $\theta_x = -\dfrac{wL^3}{6EI}\left(1 - \dfrac{x^3}{L^3}\right)$
④ 等変分布 w A ──── B ／／ L	$\delta_\mathrm{A} = \delta_\mathrm{max} = \dfrac{wL^4}{30EI}$ $\delta_x = \dfrac{wL^4}{30EI}\left(1 - \dfrac{5x}{4L} + \dfrac{x^5}{4L^5}\right)$	$\theta_\mathrm{A} = -\dfrac{wL^3}{24EI}$ $\theta_x = -\dfrac{wL^3}{24EI}\left(1 - \dfrac{x^4}{L^4}\right)$
⑤ 先端 M M ↺ A ──── B ／／ L	$\delta_\mathrm{A} = \delta_\mathrm{max} = -\dfrac{ML^2}{2EI}$ $\delta_x = -\dfrac{ML^2}{2EI}\left(1 - \dfrac{x}{L}\right)^2$	$\theta_\mathrm{A} = \dfrac{ML}{EI}$ $\theta_x = \dfrac{ML}{EI}\left(1 - \dfrac{x}{L}\right)$
⑥ 中間 M M ↺ A ─ C ── B ／／ a ∣ b L	$(x \leqq a)$ $\delta_x = -\dfrac{M}{EI}\left(ab + \dfrac{b^2}{2} - bx\right)$ $\delta_\mathrm{C} = -\dfrac{Mb^2}{2EI}$ $(x > a)$ $\delta_x = -\dfrac{M}{2EI}(L - x)^2$	$(x \leqq a)$ $\theta_x = \dfrac{Mb}{EI}$ $(x > a)$ $\theta_x = \dfrac{M}{EI}(L - x)$

2b　単純梁の変形

	M 図 M_x : x 点の曲げモーメント	Q 図 Q_x : x 点のせん断力
A ——— B x　L		
① 中央集中 A — P(C) — B $L/2$ $L/2$ L	$\delta_{中央}=\delta_{\max}=\dfrac{PL^3}{48EI}$ $\delta_x=\dfrac{PL^3}{48EI}\left(\dfrac{3x}{L}-\dfrac{4x^3}{L^3}\right)$	$\theta_{A,B}=\pm\dfrac{PL^2}{16EI}$ $\theta_x=\dfrac{PL^2}{16EI}\left(1-\dfrac{4x^2}{L^2}\right)$
② 集中荷重 A — P(C) — B a b L	$\delta_C=\dfrac{Pa^2b^2}{3EIL}$ $(x>a)$ $\delta_x=\dfrac{Pa^2b^2}{6EIL}\left(\dfrac{2x}{a}+\dfrac{x}{b}-\dfrac{x^3}{a^2b}\right)$ $a>b$ のとき, $x=0.5773\sqrt{L^2-b^2}$ $\delta_{\max}=\dfrac{Pb\sqrt{(L^2-b^2)^3}}{9\sqrt{3}EIL}$	$\theta_C=-\dfrac{Pab}{3EI}\left(\dfrac{a-b}{L}\right)$ $\theta_A=\dfrac{Pab}{6EI}\left(1+\dfrac{b}{L}\right)$ $\theta_B=-\dfrac{Pab}{6EI}\left(1+\dfrac{a}{L}\right)$
③ 等分布 A ⬇⬇⬇(C)⬇⬇⬇ B $L/2$ $L/2$ L	$\delta_{中央}=\delta_{\max}=\dfrac{5wL^4}{384EI}$ $\delta_x=\dfrac{wL^4}{24EI}\left(\dfrac{x}{L}-\dfrac{2x^3}{L^3}+\dfrac{x^4}{L^4}\right)$	$\theta_{A,B}=\pm\dfrac{wL^3}{24EI}$ $\theta_x=\dfrac{wL^3}{24EI}\left(1-\dfrac{6x^2}{L^2}+\dfrac{4x^3}{L^3}\right)$
④ 等変分布 A ◺ B $0.577L$ $0.423L$ L	$\delta_x=\dfrac{wL^4}{360EI}$ $\cdot\left(\dfrac{7x}{L}-\dfrac{10x^3}{L^3}+\dfrac{3x^5}{L^5}\right)$ $x=0.5193L$ $\delta_{\max}=0.0065\dfrac{wL^4}{EI}$	$\delta_x=\dfrac{wL^3}{360EI}$ $\cdot\left(7-\dfrac{30x^2}{L^2}+15\dfrac{x^4}{L^4}\right)$ $\theta_A=\dfrac{7wL^3}{360EI}$ $\theta_B=-\dfrac{8wL^3}{360EI}$
⑤ 端部曲げ M A ——— B L	$\delta_x=\dfrac{Mx(L-x)}{6EI}\left(1+\dfrac{L-x}{L}\right)$ $x=\left(1-\dfrac{1}{\sqrt{3}}\right)L=0.4226L$ $\delta_{\max}=\dfrac{ML^2}{9\sqrt{3}EI}$	$\theta_x=-\dfrac{ML}{6EI}\left\{1-3\left(\dfrac{L-x}{L}\right)^2\right\}$ $\theta_A=\dfrac{ML}{3EI}$ $\theta_B=-\dfrac{ML}{6EI}$

⑥曲げ荷重			

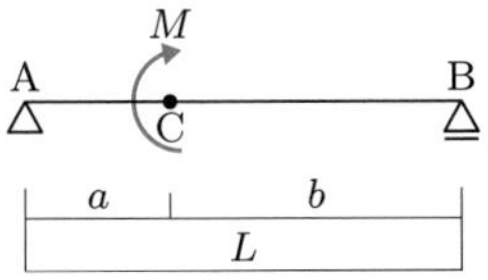

$$\delta_C = -\frac{Mab(a-b)}{3EIL} \quad (x=a \text{ のとき})$$

$(x \leqq a)$

$$\delta_x = -\frac{ML^2}{6EI}\left(\frac{x}{L} - \frac{3b^2x}{L^3} - \frac{x^3}{L^3}\right)$$

$(x > a)$

$$\delta_x = \frac{ML^2}{6EI}$$
$$\cdot\left\{\frac{(L-x)}{L} - \frac{3a^2(L-x)}{L^3} - \frac{(L-x)^3}{L^3}\right\}$$

$(x \leqq a)$

$$\theta_x = -\frac{ML}{6EI}\left\{1 - \frac{3b^2}{L^2} - \frac{3x^2}{L^2}\right\}$$

$(x > a)$

$$\theta_x = -\frac{ML}{6EI}$$
$$\cdot\left\{1 - \frac{3a^2}{L^2} - \frac{3(L-x)^2}{L^2}\right\}$$

付録3　主要断面の諸係数

断面の形	断面積 $A\,[\mathrm{mm^2}]$	図心の位置 $c\,[\mathrm{mm}]$	断面二次モーメント $I\,[\mathrm{mm^4}]$	断面係数 $Z\,[\mathrm{mm^3}]$	断面二次半径 $i\,[\mathrm{mm}]$
①	bh	$\dfrac{h}{2}$	$\dfrac{bh^3}{12}$	$\dfrac{bh^2}{6}$	$\dfrac{h}{\sqrt{12}}=0.29h$
②	h^2	$\dfrac{h}{\sqrt{2}}=0.71h$	$\dfrac{h^4}{12}$	$\dfrac{h^3}{6\sqrt{2}}=0.12h^3$	$\dfrac{h}{\sqrt{12}}=0.29h$
③	$b(h-h_1)$	$\dfrac{h}{2}$	$\dfrac{b\left(h^3-h_1^3\right)}{12}$	$\dfrac{b\left(h^3-h_1^3\right)}{6h}$	$\sqrt{\dfrac{h^3-h_1^3}{12(h-h_1)}}$
④	$\dfrac{bh}{2}$	$c_1=\dfrac{2h}{3}$ $c_2=\dfrac{h}{3}$	$\dfrac{bh^3}{36}$	$Z_1=\dfrac{bh^2}{24}$ $Z_2=\dfrac{bh^2}{12}$	$\dfrac{h}{\sqrt{18}}=0.24h$
⑤	$\dfrac{(b+b_1)h}{2}$	$c_1=\dfrac{(2b+b_1)h}{3(b+b_1)}$	$\dfrac{(b^2+4bb_1+b_1^2)h^3}{36(b+b_1)}$	$Z_1=\dfrac{(b^2+4bb_1+b_1^2)h^2}{12(2b+b_1)}$	$\dfrac{h\sqrt{2(b^2+4bb_1+b_1^2)}}{6(b+b_1)}$
⑥	$\pi r^2=3.14r^2$ $\dfrac{\pi d^2}{4}=0.79d^2$	$r=\dfrac{d}{2}$	$\dfrac{\pi r^4}{4}=0.79r^4$ $\dfrac{\pi d^4}{64}=0.049d^4$	$\dfrac{\pi r^3}{4}=0.79r^3$ $\dfrac{\pi d^3}{32}=0.098d^3$	$\dfrac{r}{2}=\dfrac{d}{4}$
⑦	$\dfrac{\pi(d^2-d_1^2)}{4}=$ $0.79(d^2-d_1^2)$	$r=\dfrac{d}{2}$	$\dfrac{\pi(d^4-d_1^4)}{64}=$ $0.049(d^4-d_1^4)$	$\dfrac{\pi(d^4-d_1^4)}{32d}=$ $0.098\dfrac{d^4-d_1^4}{d}$	$\dfrac{\sqrt{d^2+d_1^2}}{4}$
⑧	$bh-b_1h_1$	$\dfrac{h}{2}$	$\dfrac{bh^3-b_1h_1^3}{12}$	$\dfrac{bh^3-b_1h_1^3}{6h}$	$\sqrt{\dfrac{bh^3-b_1h_1^3}{12(bh-b_1h_1)}}$

付録 4　三角関数の性質

力学に用いられる基本的な三角関数の性質を記載しておく.

1. 定義

直角三角形 ABC において角度 B が直角のとき，以下のように三角関数が定義される.

$$\text{正弦 } \sin\alpha = \frac{b}{c}, \qquad \text{余弦 } \cos\alpha = \frac{a}{c}, \qquad \text{正接 } \tan\alpha = \frac{b}{a} = \frac{\sin\alpha}{\cos\alpha}$$

$$\text{余割 } \operatorname{cosec}\alpha = \frac{c}{b}, \qquad \text{正割 } \sec\alpha = \frac{c}{a}, \qquad \text{余接 } \cot\alpha = \frac{a}{b}$$

$$\operatorname{cosec}\alpha = \frac{1}{\sin\alpha}, \qquad \sec\alpha = \frac{1}{\cos\alpha}, \qquad \cot\alpha = \frac{1}{\tan\alpha} = \frac{\cos\alpha}{\sin\alpha}$$

2. 平方の公式

$c^2 = a^2 + b^2$ より,

$$\sin^2\alpha + \cos^2\alpha = 1, \quad 1 + \tan^2\alpha = \sec^2\alpha$$

3. 2 倍角の公式

$$\sin 2\alpha = 2\sin\alpha\cos\alpha$$

$$\cos 2\alpha = \cos^2\alpha - \sin^2\alpha = 2\cos^2\alpha - 1 = 1 - 2\sin^2\alpha$$

$$\cos^2\alpha = \frac{1}{2}(1 + \cos 2\alpha), \qquad \sin^2\alpha = \frac{1}{2}(1 - \cos 2\alpha)$$

$$\tan 2\alpha = \frac{2\tan\alpha}{1 - \tan^2\alpha}$$

4. 代表的な三角関数の値

角度 α	$\sin\alpha$	$\cos\alpha$	$\tan\alpha$	a	b	c
$0°$	0.00	1.00	0.00	1.0	0.0	1.0
$30°$	0.50	0.87	0.58	$\sqrt{3}$	1.0	2.0
$36.9°$	0.60	0.80	0.75	4.0	3.0	5.0
$45°$	0.71	0.71	1.00	1.0	1.0	$\sqrt{2}$
$60°$	0.87	0.50	1.73	1.0	$\sqrt{3}$	2.0
$90°$	1.00	0.00	∞	0.0	1.0	1.0

付録5　ギリシア文字一覧表

大文字	小文字	読み方	対応するローマ字
A	α	アルファ	A
B	β	ベータ	B
Γ	γ	ガンマ	G
Δ	δ	デルタ	D
E	ε	エプシロン，イプシロン	E（短音）
Z	ζ	ゼータ	Z
H	η	エータ，イータ	E（長音）
Θ	θ	テータ，シータ	TH
I	ι	イオタ	I
K	κ	カッパ	K
Λ	λ	ラムダ	L
M	μ	ミュー	M
N	ν	ニュー	N
Ξ	ξ	クシー，グザイ	X
O	o	オミクロン	O（短音）
Π	π	パイ	P
P	ρ	ロー	R
Σ	σ	シグマ	S
T	τ	タウ	T
Υ	υ	ユプシロン	Y
Φ	ϕ	ファイ	F
X	χ	カイ	CH
Ψ	ψ	プシー，プサイ	PS
Ω	ω	オメガ	O（長音）

参考文献

1. 二見秀雄：『構造力学改訂版』，市ヶ谷出版社（1963）
2. 二見秀雄，藤本盛久，平野道勝：『構造力学演習』，市ヶ谷出版社（1980）
3. 武藤清，辻井清二，梅村魁，青山博之：『大学教程建築構造力学』，オーム社（1978）
4. 和泉正哲：『建築構造力学 1』，『建築構造力学 2』，培風館（1984）
5. 桑村仁：『建築の力学』，技報堂出版（2001）

索　引

著者略歴

寺本　隆幸（てらもと・たかゆき）

- 1964 年　東京工業大学理工学部建築学科卒業
- 1966 年　東京工業大学大学院建築学専攻修士課程修了
- 1966 年　株式会社日建設計入社構造部勤務
- 1983 年　株式会社日建設計構造部長
- 1988 年　工学博士号（東京工業大学）取得
- 1997 年　東京理科大学工学部第二部建築学科教授
- 2009 年　東京理科大学工学部名誉教授　現在に至る
- 専　攻　構造計画，耐震設計，制振構造，免震構造
- 著　書　『建築構造の設計』（共著）オーム社（1993），『動的外乱に対する設計—現状と展望—』（共著）日本建築学会（1999），『免震建築の設計とディテール』（共著）彰国社（1999），『建築構造の計画』森北出版（2004），『建築構造の力学 II 第 2 版（不静定力学・振動応答解析編）』森北出版（2021），ほか

長江　拓也（ながえ・たくや）

- 1997 年　明治大学理工学部建築学科卒業
- 1999 年　東京工業大学大学院総合理工学研究科環境物理工学専攻修士課程修了
- 2002 年　東京工業大学大学院総合理工学研究科環境理工学創造専攻博士課程修了，博士（工学）
- 2002 年　日本学術振興会特別研究員（スタンフォード大学，東京工業大学）
- 2005 年　京都大学防災研究所 COE 特別研究員
- 2006 年　独立行政法人防災科学技術研究所研究員
- 2009 年　独立行政法人防災科学技術研究所主任研究員
- 2014 年　名古屋大学減災連携研究センター准教授　現在に至る
- 専　攻　耐震工学，建築構造，地震防災

編集担当	加藤義之（森北出版）
編集責任	富井　晃（森北出版）
組　版	ウルス
印　刷	丸井工文社
製　本	同

建築構造の力学 I（第 2 版）
［静定力学編］　　　　　　　　　　　　　© 寺本隆幸・長江拓也　2021

		【本書の無断転載を禁ず】
2005 年 12 月 10 日	第 1 版第 1 刷発行	
2020 年 6 月 15 日	第 1 版第 13 刷発行	
2021 年 2 月 22 日	第 2 版第 1 刷発行	
2023 年 3 月 15 日	第 2 版第 3 刷発行	

著　　者　寺本隆幸・長江拓也
発行者　森北博巳
発行所　森北出版株式会社
　　　　東京都千代田区富士見 1-4-11（〒102-0071）
　　　　電話 03-3265-8341／FAX 03-3264-8709
　　　　https://www.morikita.co.jp/
　　　　日本書籍出版協会・自然科学書協会　会員
　　　　JCOPY ＜（一社）出版者著作権管理機構　委託出版物＞

落丁・乱丁本はお取替えいたします.

Printed in Japan／ISBN978-4-627-50542-1

MEMO

MEMO

MEMO